# 告白芭蕾

## 米斯蒂·科普兰传

［美］米斯蒂·科普兰 著
魏春予 译

浙江出版联合集团
浙江文艺出版社

著作权合同登记图字:11-2015-98

**图书在版编目(CIP)数据**

告白芭蕾:米斯蒂·科普兰传 / (美)米斯蒂·科普兰著; 魏春予译. —杭州: 浙江文艺出版社,2017.3(2018.5 重印)
ISBN 978-7-5339-4785-9

Ⅰ.①告… Ⅱ.①米… ②魏… Ⅲ.①米斯蒂·科普兰—自传 Ⅳ.①K837.125.76

中国版本图书馆 CIP 数据核字(2017)第 037893 号

**责任编辑** 柳明晔 童潇骁
**装帧设计** Lika
**责任印制** 吴春娟

**告白芭蕾:米斯蒂·科普兰传**
[美]米斯蒂·科普兰 著
魏春予 译

**出版** 浙江出版联合集团 浙江文艺出版社

**地址** 杭州市体育场路 347 号 310006
**网址** www.zjwycbs.cn
**经销** 浙江省新华书店集团有限公司
**制版** 杭州天一图文制作有限公司
**印刷** 浙江海虹彩色印务有限公司
**开本** 710 毫米×1000 毫米 1/16
**字数** 196 千字
**印张** 16.5
**插页** 2
**版次** 2017 年 3 月第 1 版 2018 年 5 月第 2 次印刷
**书号** ISBN 978-7-5339-4785-9
**定价** **39.00 元**

献给世间所有的舞者和芭蕾女伶。

舞蹈，是一门洋溢着生命力的艺术，

我们要让它继续盎然、蓬勃地生长。

Contents
/目录

# 序章

# 火鸟

为了所有棕色皮肤的小女孩。

清晨。

阳光透过卧室的窗户，把我从梦中唤醒。我迷蒙着眼坐起来，伸个懒腰，在床边踢了踢腿。

套上运动裤，抓起钥匙，溜达到街角的熟食店，像往常一样点了一杯咖啡——黑咖啡，不加糖——和一份蓝莓松饼。然后回家，迅速穿好衣服，赶去大都会歌剧院上十点半的芭蕾课。

寻常的细节掩饰了这将会是不平凡的夜晚。我急切地盼望这一天的到来，今夜之后，我将再次冉冉升起，这一次是站在大都会歌剧院的舞台上。

今晚，我将成为美国芭蕾舞剧院——世界上最负盛名的舞团之一中，第一个出演伊戈尔·斯特拉文斯基（Igor Stravinsky）笔下标志性角色的黑人女演员。

火鸟。

*为了所有棕色皮肤的小女孩*

在课上，我扶着把杆拉伸、下腰。接着，到房间中心练习慢板，舞步缓慢而柔美，这可以帮助舞者练习平衡、延伸和控制。我专注于我的身体线条。步伐轻盈，旋转干净。

但今天，我不会做跳跃练习。我的左腿受伤了。我不想在今晚演出前，还冒险扭伤脚。

一直以来，我都以跳跃能力著称。我能跳入高空，落在舞台上轻如羽毛。剧中的火鸟会翩翩起舞，会展翅高飞。然而，在过去几个星期里，练习剧中的大跳对我来说很困难。腿部的疼痛感一直很强烈，而且我必须为正式演出省下每一分力气。

现如今，我了解火鸟的野生姿态仿佛了解自己的呼吸、自己的心跳。美国芭蕾舞剧院的春季演出季已经进行了六个星期，还有两个星期就要结束了。我在南加州表演了两场《火鸟》，那里距离我的家乡仅一小时的路程。

中午，我要在大都会歌剧院对光、定点，找找舞台的感觉。我要确保踩准每一个点；保证自己站位正确，既不会在大独舞的部分跟群舞演员们撞上，也不会在双人舞的部分与舞伴不同步。

走进大都会歌剧院神圣的空间，观众们看到的是金碧辉煌的大厅，豪华的赞助人包厢和大舞台。而幕布背后是工作室的空间。在这里，演员磨炼自己的绝技。直到演出前，他们都在不停地练习。

下午的部分时间，我在其中一间房间与《火鸟》的编舞阿列克谢·拉特曼斯基（Alexei Ratmanski）进行单独排练。

阿列克谢是有史以来最有远见的完美主义者。他不断调整编舞，直到演出前的最后一分钟。他在这里加一个跳跃，在那里添一个转身。幸运的是，我们都知道，一看到动作，我的身体就能精准地模仿出来，这种不可思议的能力得益于几十年的训练。我们过了一遍我独舞的部分，保证拍子完全正确。

第一拍，立脚尖。

第二拍，右点地。

第三拍，起跳。

阿列克谢几次改变我的入场，最后我们终于就最适合我的舞步达成一致。另外还有两个演员扮演火鸟，但我们每个人的入场都不同，有难度，且独一无二。我感到精力充沛。我觉得自己准备好了。

为了所有棕色皮肤的小女孩

我步行回到公寓，这里位于曼哈顿上西城，距离大都会歌剧院十二个街区。我洗了澡，把电视调到美食频道，让房里不至于太安静。同时，我尽量放松大脑，放松身体。

几个小时后，回到大都会歌剧院。大幕下午七点半才升起，我九点才会登场。可我想早点到，不用慌慌张张的。

这是一个特别的夜晚，不只是对我，也不只因为它是美国芭蕾舞剧院《火鸟》剧目的纽约首场。对凯文·麦肯齐（Kevin McKenzie），美国芭蕾舞剧院的艺术总监，这个夜晚也意义非凡。今天是他担任艺术总监二十周年的纪念日，在庆功宴上会有演讲，有由世界几乎所有主要古典舞团的艺术总监录制的致敬视频，以及舞团所有的主要演员带来的演出。

演出时间越来越近。五年来，我一直是独舞演员。团里的十一个独舞演员都有自己的更衣室。但我从来没有用过。我更喜欢公共更衣室里大家相互安慰的情谊。我在这个芭蕾群舞团待了六年，现在，我想和他们待在一起，在朋友们的陪同下，为大独舞做准备。

更衣室里有一个专属我的角落，很久以前就被我占领了。桌子上摆满了鲜花、巧克力和照片，几乎没地儿放我的手机了。其中有我最爱的兰花，还有十几束玫瑰。哈莱姆舞蹈剧院的创始人亚瑟·米切尔（Arthur Mitchell）给我留了语音信息，祝我好运。另外，还有来自朋友、家人和全国各地粉丝的电子邮件、短信和贺卡，他们都预祝我演出顺利。

看着这些礼物，我不禁有些激动。但我不能分心。我不能被情绪淹没。

为了所有棕色皮肤的小女孩

演出开始半小时后，我开始做发型和化妆。镜子前，米斯蒂消失了，取而代之的是一个神秘生物，脸上撒上了红色的金粉，从眼角延伸出红色的螺旋花纹。连我长长的假睫毛都染成了红色。舞团的造型师把我的头发向后梳，盘成光滑的旋涡发髻，这样才好戴上红色和金色的羽毛头饰。

“好运，米斯蒂。”一个舞者笑着对我喊道。

“好好享受！”另一个说。

我知道，他们的祝福是真心实意的。但是，这些不过是日常问候，任何一个晚上演出前都可以听到。它们反映不出今晚的重要意义，体现不出今晚对我和非裔美国人群体来说意味着什么。

也许根本没有语言能表达这背后的意义。

还有十五分钟。

我一屁股坐在更衣室休息区的地板上，拉伸，弯曲，凝视镜中的自己。我心想，这就是了，这是我的时刻。此刻我终于可以大放异彩，终于可以证明自己，终于成为黑人芭蕾舞者最高水平的代表。

但我的小腿不受控制地抽搐。

我打心底里知道，自己不能再跟这种痛苦耗下去了。今晚将是我第一次在纽约出演火鸟。我祈祷这不会是最后一次。在上台前，其他舞者表演了几个片段，还有两个幕间休息。现在，终于，是火鸟登场的时间了。

我登上舞台。舞台两侧的幕布背后，凯文·麦肯齐和舞团的其他艺术工作人员在悄声祝我好运。

还记得第一次站上大都会歌剧院的舞台的场景。那年，我十九岁，还在美国芭蕾舞剧院的群舞演员中苦苦寻找属于自己的位置。我穿着足尖鞋勾画着塑胶地板的样子，想象着自己站在舞台上，不是作为群舞成员，而是作为主角。这感觉很好，就像一个承诺：有一天，总有这么一天，会实现的。

十年后，我在这里，等待自己火爆登场，释放出红色和金色的光芒。

粉丝买了票，从全国各地飞来，见证我今晚的演出。观众席里坐着美国黑人群体的佼佼者，坐着舞蹈世界的开拓者，他们很少得到相配的名声：斯坦·琼斯（Star Jones）、黛布拉·李（Debra Lee）、尼尔森·乔治（Nelson George）、亚瑟·米切尔。

还有那些不在现场的人、没看过芭蕾舞的人，那些路过大都会歌剧院，却无法想象里面正在发生什么的人。他们可能就像曾经的我一样，穷困潦倒、没有安全感、备受误解。我为他们而舞，专为他们而舞。

*为了所有棕色皮肤的小女孩*

深呼吸。音乐响起，随之而来的是观众的欢呼，饱含温暖和爱意。

一群“火鸟”跟着伊万王子登场。我能感觉到观众的期待，人群几乎屏住了呼吸，期待我出现在他们之中。

但是我们骗了他们。我仍等在舞台一侧。

现在该轮到我了。

在那一刻，我意识到，今晚我在舞台上做什么已经不重要了。全场观众都是为我而来，和我一起，他们来这里是因为我的身份，为了今晚的意义。

我快速进入舞台，接近舞台的中心，舞群留下我独自站立。全场沉默了一秒钟，接着发出热烈的掌声，声如雷鸣，我几乎听不到音乐。

就这么开始了。

# 第一章

# 动荡的童年

我的不安加上对完美的追求让生活永远比原本更艰难。

从两岁开始，我的人生就陷入了不停的动荡中。

两岁时，妈妈带着我、姐姐还有哥哥们坐上堪萨斯市的灰狗长途巴士，离开了爸爸。

当时我是最小的。我的鼻子和嘴很像爸爸，不过隔了好几年我才知道。我对他没什么印象，家里也没有他的照片可供怀念。再见面时，我已经二十二岁了，是个跟着美国芭蕾舞剧院游遍全球的舞蹈演员。而他，道格·柯普兰（Doug Copeland）只是个鬓角花白的中年男人。

我出生在堪萨斯城，是我妈的第四个孩子，也是第二个女儿。再婚两次以后，家里孩子的数量飙升到六个。妈妈把我们的全部家当塞进一辆开往西部的大巴，开启了我和兄弟姐妹童年的生活模式：收拾行李，乱成一团，匆忙离开，常常只能勉强维持生活。

那次旅途的具体情况我记不清了，只知道车开了两天。我们的目的地是贝尔弗劳尔，一个洛杉矶近郊的工薪城市。我们在这里重新开始。开始的时候，生活一度非常简单，我们住进了温暖舒适的新家，有了一个新爸爸。

他叫哈罗德，是妈妈小时候的玩伴。他来车站接我们，一年多以后，成了她的第三任丈夫。哈罗德是圣塔菲铁路公司的销售主管，性格却不像名号这么冷冰冰的。他长得很像鼎盛时期的棒球选手达尔·史卓贝瑞（Darryl Strawberry），身材高大，肌肉发达，皮肤黝黑。三年后，小妹妹出生了，在此之前我一直是家里的老幺。我在同龄人中算身材矮小的，哈罗德常常用他强壮的手臂抱起我，挠我痒痒，直到我的眼泪都笑出来了才肯罢休。

我小时候的大部分记忆不是关于妈妈，而是关于他的。我们这帮孩子总是涌出我们的小公寓的前门和窗户跑出去玩。如果把我家比作热闹的三环马戏团，哈罗德更像是马戏团团长，而不是试图控制我们的家长。他爱开玩笑，笑声很有感染力。有时妈妈让他管管我们，他也能把管教变成一种游戏。

他把我们聚在一起，带进卧室，悄悄说："我不会真打，但你得叫得好像我在打你一样。"然后会用大手大声地拍打床铺。

"爸爸，不，我错了。"我们憋住笑大叫，上演一出堪比奥斯卡的好戏。妈妈满意地坐在客厅，对我们的把戏一无所知。

家里这么多孩子，哈罗德把我们每一个都当亲生的一样对待。记得小时候我特别喜欢吃瓜子，哥哥姐姐们都叫我"鸟妹"。回想当年，我常常和哈罗德坐在长沙发上一起嗑瓜子，就我们俩。妈妈对此很恼火，因为瓜子常常掉进坐垫缝里，搞得一团糟。尽管如此，嗑瓜子的下午对我来说依然是珍贵的回忆。

在孩子们的眼里，哈罗德搞笑，温柔，令人安心。但欢声笑语的表面下，妈妈看到的是他的另一面，与我们眼中的他判若两人。哈罗德酗酒，还吸毒。我们只能从细枝末节中略知一二，比如床头柜上从不消失的啤酒罐子。后来，我才知道，被我们忽略的种种，妈妈都看得一清二楚。

我八九岁的时候，我们又有了一个新家和一个新爸爸。妈妈告诉我们，哈罗德长期酗酒、吸毒，精神已经不正常了，她还说自己有时觉得很害怕。她讲到，有一次哈罗德载着她和我妹妹林赛，专程绕道去了康普顿。

哈罗德在那里买冰毒。他下了车，递给毒贩一把钞票。毒贩不但没给他东西，还暴打了他一顿。哈罗德迅速跳进车里，那样子仿佛背后有恶魔在追他。妈妈说她不知道应该祈求什么，是祈求在撞车前被拦下来，还是祈求被拦下来后警察不要搜查这辆车。妈妈说，当天晚上晚些时候，哈罗德又开车回到那个地方购买毒品。

我上中学的时候，他的亲生女儿林赛常常和他住在一起，一周有几个晚上我也会和他们在一块儿。那时候我最好的朋友叫杰姬，放学后我常去她家玩儿。哈罗德会来接我，带我回他的家。

一天晚上，杰姬和我正聊着当天班里发生的蠢事，我们笑得前仰后合。突然，电话响了。杰姬的妈妈大喊道，是找我的。电话那头是林赛，她在哭。

“爸爸喝醉了，”她一边哭一边说，“我跟他说酒后不能开车。你能另外想办法回家吗?”

我挂了电话，感觉一阵恶心。我不知道要不要告诉杰姬的妈妈，还是打电话给妈妈。

回到杰姬的房间，纠结该怎么办。时间一分一秒地溜走。事实证明，我考虑得太久了。久到门铃响了，门外是林赛。哈罗德在外面的车里。

我猜他知道，按他现在的状况，最好还是待在车上。我上了车，车上充斥着烟酒的臭味。哈罗德用钥匙发动了汽车，一踩油门，迅速离开长滩大桥。路灯倒退成一条直线，我的心怦怦直跳。

下一次林赛打电话给我，说哈罗德喝醉了，我让他听电话，告诉他，我会住在杰姬家。

尽管如此，我对哈罗德的爱却从来没有减少过。对我来说，他一直是我童年最美好的回忆。星期六早上，我和林赛穿着睡衣看卡通片，他会给我们做华夫饼，装在塑料托盘里拿给我们。我记得四岁时，我肚子疼，疼得直哭，是他陪我坐在浴室的地板上。关于哈罗德的回忆从来都不是乌云密布，而是晴空万里。

我们搬到哈罗德的公寓的第五年，妈妈再次决定，收拾行李，离开这里。

妈妈把林赛塞进蓝色奔驰旅行车的儿童座椅，我们其他几个挤在她身边，占满了车里的每一寸空间。我们驱车上路，对目的地一无所知。一路上，没有争斗，也没有哭闹。我们一头雾水，胆战心惊，既不敢笑，也不敢闹。

每一次离开都是这样，充满戏剧性，兵荒马乱，筋疲力尽。

妈妈很瘦，约一米六出头。到了中年，她看起来更像是个冷静和撩人的大姐，而不是六个孩子的妈妈。她曾是堪萨斯城酋长队的啦啦队员，一个赛季后就不干了，不过她余生一直保持着啦啦队队长的活力，全力支持她的孩子。尽管多次婚姻都出了问题，尽管有时家门口还会出现要债的，但她一直都微笑面对。

直到今天，我仍然在尝试理解妈妈，理解塑造她的一切，理解她的大部分决定。她很少谈起童年，但从我了解到的信息来看，她的童年充满了痛苦。她的母亲是意大利人，父亲是非裔美国人，她从来没有见过他们。她的父母把她送给别人收养，却没有留下只言片语，没解释为什么不要她。我敢肯定，当时在许多州，黑人和白人会因跨种族婚姻而坐牢，他们凝视未来，明白抚养混血孩子已经远远超出了自己的能力范围。

一对更老的非裔美籍夫妇收养了妈妈，妻子是一位社会工作者，但他们在妈妈还很小的时候就去世了。从那以后，她开始辗转于各个亲戚家，大多数时候都是自己照顾自己。

离开哈罗德只是一个开端。从那以后，我的日子开始用我妈的男朋友们，用她对这些不断变化的男人的依赖来计算。不过这一切等我长大后才渐渐明了。离开哈罗德那晚，我只有七岁，生活的变化还不由自己做主。我们一家人去了圣佩德罗，洛杉矶港旁边的海运城市。这里将成为我们永远的港湾，在不断地收拾行李和迁移中，我的兄弟姐妹和我把这里当作我们永远的家。

我不知道，哈罗德那时是否知道他的妻子和孩子正打算离开他。反正那个最终成了我们新继父的男人知道，我们已经上路了。布莱恩即将成为我母亲的第四任丈夫。他跟我妈的第三任丈夫完全是两个极端。布莱恩是眼科医生，个子不高，有点胖乎乎的。和我妈一样，也是个混血。我妈有一半意大利血统，一半非洲血统，而他有夏威夷、韩国、菲律宾、葡萄牙和日本血统。

一个世纪以前，来自日本、克罗地亚、希腊和意大利的渔民在圣佩德罗附近水域来来回回地寻觅沙丁鱼和青花鱼，把洛杉矶港变成了20世纪20年代全美最大的渔港。捕鱼业的风险很大。在这儿长大时，我听说过码头工人被打死在码头上。但捕鱼也确实是个不错的行当。许多当地人——包括我同学的父亲、兄弟和叔叔们——都选择响应大海的召唤。

大海给圣佩德罗的生活烙上了深深的印记，因此我完全不记得怎么学会游泳的，只知道刚到那儿，我就能游得如鱼得水。在少年时期，我的每一件衣服都带着沙滩上篝火木头烧过的味道。很多学校到天使门灯塔来做实地考察，这座建于1913年的建筑至今仍是港口的哨兵。引导船舶入港时，雾角每三十秒响两次。当时我还小，这划破宁静的声音肯定会打断我们跳绳，打断我们上课，打断我们祈祷和做游戏。嘹亮的雾角常常响起，我们在这里住得越久，就越难注意到它的声音，它渐渐没入了生活的背景，像是心跳声一样。

我们这儿算洛杉矶的一部分，但距离好莱坞，距离洛杉矶浮华、传奇的核心很远，要多远有多远。除开棕榈树，圣佩德罗和梅伯里很像，那是一个只存在黑白电视机里的虚构的乡村小镇。人们世代生活在那里，从生到死，不愿意拔起祖辈们深埋在沙质土壤里的根。

这里没有摩天大楼。恰恰相反，市中心像是从银版照片复刻出来的一样，到处是煤气灯和维多利亚风格的商店。在圣佩德罗，重要的是简单和熟悉。我曾在多罗西钱德勒剧院扮演舞剧《堂吉诃德》中的琪蒂一角，并因此获得了改变我人生的奖项，但我的大部分老邻居根本不记得这回事，他们甚至不记得我的照片曾登在《每日微风报》的头版。但大家仍对我在波恩特费曼小学的才艺表演津津乐道，当时我身穿白色婚纱，我的同学小瘦子艾伦跪着为我唱小夜曲。下面这些才是圣佩德罗人会记得的事情：艾伦，带褶的衣服，情感真挚却不幸走调的情歌。

去布莱恩家的路上经过了很多丘陵和弯道。眼看着我们似乎就要一路开进太平洋，突然，谢天谢地，转弯进入了下一个弯道。房子是地中海风格的，只有一层，前面有一个巨大的庭院。布莱恩喜欢摆弄汽车和摩托车，他会花几个小时在大型车库修理调整他红色吉普车的引擎。

这坐落在完美街区的完美房子，仿佛是个开启完美生活的好地方。你甚至可以从前廊直接看到卡塔利娜岛闪闪发光，仿佛晨雾中的海市蜃楼。但外表的完美往往只是一种假象，就像腿筋拉伤的舞者依然面带微笑，不顾伤痛，像蝴蝶一般轻巧落地，而不是愁眉苦脸的。

我们这帮孩子也没太注意身边的美景。我们忙着搞清楚为什么会在这儿，出了什么事儿，最重要的是，我们什么时候能再见哈罗德。但是，现在这儿才是我们的家。很快，我们就融入了新生活的节奏。

我们第一次做家务：倒垃圾、洗碗、打扫早餐时掉落一地的碎屑。再也没有接飞盘的游戏，也不会在沙发上吃东西。我们规规矩矩地坐在餐桌上吃饭，早饭、午饭、晚饭都是如此。

这没什么。柯普兰家族就像游牧部落：吃苦耐劳，对自己人非常护短，适应性强。我们相依为命。我们人多，不管在哪儿，也不管规则或情况如何，我们总能办起聚会，自得其乐。

我们搬到布莱恩这里时，大姐埃里卡十二岁。她和母亲最像，个性活泼，直率。每天，她带着我们这群孩子走路上学，梳理我茂密的头发。她给我梳往后绷紧的马尾，在我洗完澡后帮我赶紧吹干。

长兄小道格，当年十一岁，和父亲同名，后来我们才知道他完全是父亲的翻版。他非常聪明，求知欲极强。他会蜷缩在椅子上读词典，那样子和其他男孩儿沉迷漫画书一样。

和许多非裔美国人一样，我们是个混血家庭。在妈妈这一支，我们有意大利籍的祖母，我们的爸爸是德国女人和非裔美国人的儿子。但小道格坚持认为自己是黑人。

三年级时，有一天，我回到家里，发现小道格坐在门廊上。他眉头紧锁，手里摆弄着白色的小东西。

“你在干吗?”我问他。

“我在读我们的历史，讲奴隶制的，我想知道祖先们当时是什么感觉，”他说，“所以我摘了点棉花。”

不同于沙子或贝壳，在圣佩德罗很难找到原棉。不知道他从哪儿搞来的，还花时间把种子从白色棉絮里挑出来。道格就是这样：有热情，有主见，对文化充满好奇。

在他之后是哥哥克里斯，他从小就有当律师的潜质，他会带着绝对自信争论每一个问题。如果他是错的，你最好别告诉他。他无所畏惧，在童年的某一阶段擅长所有的体育项目——棒球、篮球、足球，样样都行。他总是精力充沛，有时他会围着房子跑圈，还会撞上墙壁。

小妹妹林赛，她在自己的人生路上一路冲刺，最终取得了奇科州立大学的奖学金。她是哈罗德和妈妈的孩子。林赛有着明亮的笑容，也像她父亲一样带着超强的幽默感。而我们的小弟弟卡梅隆，打儿童棒球时只知道哭，却在钢琴上找到了自己的天赋。妈妈和布莱恩在一起后，他出生了。

再有就是中间的我，安静，内向，喜欢默默地消失在家人喧闹的气氛里。

我总是很紧张。我的不安加上对完美的追求让我的生活永远比原本更艰难。

我觉得自己生来就爱操心。我每一天都很不安，尤其是在学校的时候。早上一睁眼我就开始担心自己会迟到，这种恐慌会从早上一直延续到傍晚回家。我就是很紧张我的生活，没办法。我觉得很尴尬，好像无论在哪里，自己都格格不入。我一直害怕让妈妈失望，让老师失望，让自己失望。

这不是因为妈妈是个习惯大声斥责的人。但你必须想办法赢得她的称赞，我渴望她的表扬。家里有这么多兄弟姐妹，我很难引起她的注意。我的声音因为害羞而小得可怜，几乎不可能高过其他人的声音，也不可能被听到。

在学校，我也力求完美。一想到会迟到，我就会心跳加速。那年夏天，我将跟随埃里卡、道格和克里斯的脚步，入读丹娜中学。我不断地提醒自己，在开学前一定要让妈妈带我去一次，这样我就能记住每一个转弯，记住去代数教室的路，记住英语教室的位置。我很怕迷路，害怕在上课铃响后，在众目睽睽之下走进教室。

妈妈拒绝了我的夏季入学彩排。她总是试图让我放松，平静下来。可后来，等我上了高中，可以自己去探路了，没有人能再阻止我在劳动节①前的路线彩排，也没人能干涉我为了避免迟到而制订的其他策略。我就这样一直到了十二年级，那时我会提前一小时到学校，坐在我的储物柜前的地上学习，直到去上第一堂课。

我从不迟到，一次也没有。

我记得第一次登上舞台的场景。当时我五岁，与后来的演出不同，这一次我记忆最深刻的不是在人群前感受到的自信，不是掌声带来的兴奋，而是妈妈在演出结束后的反应。

当时我们仍和哈罗德生活在贝尔弗劳尔，妈妈让我、克里斯、埃里卡参加了托马斯·杰弗逊小学的才艺展示。

---

① 译者注：美国的劳动节是9月第一周。

她给我们做了服装，我们花了好几个星期练习摇屁股和假唱《邮差先生》。我很快就学会了，我特别喜欢这个过程，每天放学后立刻跑回家，在客厅里练习。更重要的是，我喜欢看到妈妈这么兴奋，尤其是表演那天晚上她给我们做准备的时候。

“等等！哦，等一下，邮差先生。等等！等——邮差先生。”

该上场了。埃里卡和我变身马夫赖特斯，而七岁的克里斯穿着藏青色短裤和白衬衫，提着个挎包，向观众扔信封。我们很受欢迎，妈妈是我们的忠实粉丝。

“你们太棒了！”表演结束后她夸张地说。其他观众走过来说我们刚才很可爱时，她一边忙着拍照，一边眉开眼笑地说：“你们是天才！米斯蒂，你是为舞台而生的。”

那天晚上，我觉得自己很特别。尽管是和埃里卡、克里斯一同站在聚光灯下，但我觉得这一次，自己从柯普兰家的小孩中脱颖而出，妈妈的注意力全在我一个人身上。

这种事偶尔才发生一次，比如我拿到了漂亮的成绩单时，或被选为丹娜中学的纠察队长时。妈妈会给我一袋瓜子、向日葵图案的文具或是一瓶甜得发腻的叫什么“向日葵”的儿童香水作为奖励。我会高兴地接受我的奖品，尽全力占有妈妈的注意力。

在学校里，我从没觉得自己哪样特别好，因此我比其他人更加努力，反复复习公式、代词和南北战争的起止日期，直到这些深深地印在脑海里。我几乎每场考试都满分，直到十几岁时接触了芭蕾，我才真正发现自己视觉记忆上的天赋——我能完美观察和模仿动作。

我模仿的第一个对象不是舞蹈演员，而是体操运动员，娜迪亚·科马内奇（Nadia Comaneci）。1976年，科马内奇在奥运会上创造了历史，成为第一个获得体操满分十分的女运动员。她凭借卓越的实力和风采在平衡木和双杠项目上赢得了金牌。然而，那个时候我还没出生。七岁时，我看了一部终生难忘的电影，电影讲述了她的故事，那时我才注意到她。我跟着了魔似的，用录像机把节目录下来，坐在电视机前的地板上一遍遍按快退键，一次次回放。我对体操入了迷，收看能找到的一切比赛和表演赛。但从一开始，更吸引我的就是地板动作，而不是空中特技。现在我才认识到，也许那是因为它最接近于我所见过的舞蹈和经典动作。

我开始自学体操，身体总是先头脑一步掌握动作。那些有韵律的动作对我来说就像呼吸一样自然。我们和布莱恩的新家有巨大的前庭和后院，我赤脚在草地做伸展，自学后软翻、侧手翻、倒立。在没人指导的情况下，我自己学会了劈叉。我的腿就那么刚刚好滑到位。我能头顶地倒立，稳稳当当地像别人站立那样。我不知道为什么我能马上学会别人需要好几个月才学会的动作，不知道为什么我的胳膊和腿像橡皮筋一样有弹性。我只知道，它们本来就是这样。

放学后和周末，我都要在后院花好几个小时练习。练习结束后，我会拱起背，再举高双臂，让只有自己能听到的掌声淹没我，就像娜迪亚那样。

最后，我意识到自己并非真的想成为体操运动员。吸引我的是地板动作，而不是翻滚和翻转。我第一次感受到动作的力度，感受到其中的优雅。在动作中，我找到一种逃避现实的方式。

家里没有一刻能安静下来。每把椅子上都趴着人，每个角落里都扔着一本书或一个玩具。早晨一醒来就进入了吵吵嚷嚷的世界，孩子们大呼小叫，音乐响亮刺耳，电视永远开到最大声。

电视是我们家的神坛，我们全靠这个看体育比赛。具体什么运动、什么比赛、哪支队伍倒没什么关系。芝加哥公牛队、旧金山49人队都行。每个人都有自己最喜欢的队伍——我是说，除了我以外的，每个人。不过我们都喜欢堪萨斯城酋长队。在生我们这群孩子以前，妈妈是堪萨斯城酋长队的啦啦队队长，因此她能搞到免费球票去看比赛。

星期天是全家狂欢、爆米花四溢的日子。家里的其他人都会聚在客厅，每当被断球，或是出现漏接传球时，大家就不住地咆哮。而我，则默默地窝进一间卧室，放起玛丽亚·凯莉（Mariah Carey）的咏叹调，创作舞蹈。那个时候，我还不知道这是编舞。

舞蹈里大多数是摇屁股和点头晃脑。我试着模仿电视上MV里的舞蹈，像是在演哑剧，把每一句歌词都演出来。

“我一直在想你[①]。”玛利亚唱道。我会用手指点我的太阳穴，然后向我想象出来的男朋友伸出双臂，臀部和肩膀跟着节拍抖动。

“一瞬间，我发现自己坠入爱河，坠入爱河……哦，爱河[②]”，我会像鸟一样振动双臂，缓缓地趴在地上。

当然，这跟乔治·巴兰钦[③]（George Balanchine）没法比。但我总能想象自己在指导MV。

有时候，我把林赛拉进我的游戏，这让我就能看看自己的作品被别人表演出来的样子。不过，她对此非常无奈。可能是因为，在我们这群

① 出自玛丽亚·凯莉的歌曲《我一直在想你》。

② 同上。

③ 乔治·巴兰钦（1904—1983），美国舞蹈家、编导。一生编排了包括《堂吉诃德》（1965年）等芭蕾舞全剧在内的二百多部芭蕾舞。

孩子里，她对节奏最没有感觉。我们过去总无情地逗她，问她是不是被抱错了，还是可可色皮肤下实际藏着个白人小女孩。

“林赛，拜托，给我跳一下吧！”我有时会求她。

“我不跳我不跳我不跳！”她哀号着，眼里的泪花夺眶而出。

“我会让克里斯和道格把电视让给你，让你看《姐姐妹妹》。”我哄她。

一般来说，这样就行了。林赛是特尔·莫瑞（Tia Mowry）和塔末尔·莫瑞（Tamera Mowry）的忠实粉丝。但她每跳一步肯定都是板着脸的。

虽然和布莱恩住在一起的时候，我邂逅了舞蹈，但那时它还没成为我心灵的庇护所。我们的生活总是一团糟。妈妈有伴儿的时候，我们住大房子，过上一段平静的日子，其他时候我们窝在拥挤、杂乱的公寓里。

“哦，小孩子活得更轻松。哦，小孩子活得更开心[①]。”我听着图派克[②]（Tupac Shakur）的歌，大摇大摆地走在妈妈的卧室里，希望他说的是真的。

“嘭！”我双手在脸前面一甩，同时屁股转向左边，跟着胡椒盐团[③]的《什么男人》跳舞。

“啪！”头唰地往右一甩，手臂起伏做波浪状，耳边是克雷格·马

---

① 出自图派克的歌曲《哦，孩子》。

② 图派克（1971—1996），美国说唱歌手，是有史以来最畅销的嘻哈音乐艺术家。

③ 胡椒盐团（Salt-N-Pepa），美国音乐组合，成立于1986年，是史上最成功的女子Rap组合。

克[1]（Craig Mack）的《耳朵里的小黄花》。

我还是个小女孩时，喜欢看《布雷迪一家》的重播。六个孩子住在干净的大房子里，他们面临的最大危机就是玛西娅在毕业舞会前夜逃跑了或格雷格在才艺表演前夕变声了。

后来，我们离开了布莱恩，就像之前离开哈罗德，离开我父亲一样。我们不得不放弃我们的蓝色旅行车，我坐在公交车上，想象着那些普通小女孩该有的而我却没有的东西，比如会给家人做晚饭的妈妈，比如干净宽敞的家，比如天大的问题就是长了痘。

可只要我在跳舞，我在创作，我的头脑就很清楚。我不会去想因为没有床我得睡在地板上，不会想妈妈的新男友有可能成为我下一任继父，不会想我们能不能搜到足够的硬币去买菜。我的担心都融入了舞蹈，没有什么危机是一首玛丽亚·凯莉的歌治愈不了的。

我对表演的热爱真的出人意料。在学校里，我依然害怕在班上被点名，一想到被点名，我就会胃痉挛。

“米斯蒂，”施韦贝尔夫人在教室前面叫道，她是我们六年级的英语老师，“读一下下面这句话。”

我颤抖着抓住手里那本《麦田守望者》。

“孩子，生活不过是一场游戏，”我读道，那些词哽在我的喉咙里，我只能屏气尖声说话，“生活这场游戏，大家都得循着规矩来。”

但是对像我这样害怕犯错，害怕在众人面前出丑，害怕被批评的小女孩来说，舞台仿佛一片绿洲。我渐渐明白为什么我会加入美国芭蕾舞剧院，在纽约的大都会歌剧院、莫斯科大剧院、东京文化会馆

---

① 克雷格·马克（1971—　），美国说唱歌手。

演出。

作为一个专业演员，每一场演出你都必须承受大量批评和评价。彩排中，你可能刚刚迈了一步，舞蹈指导就会拍拍手掌叫停，批你一顿。

但在实际演出中，音乐一起，观众安静下来，你就是全场的主宰——你决定跳多高，决定在哪里呼吸。没时间去担心或调整，一锤定音。有就有，没有就没有。是优雅落地，还是失足跌倒。那种绝对，那种盖棺定论的感觉，就是自由。在舞台上，我才拥有这种感觉。

在我还是个孩子的时候，我就懂得这些了。只有那时，舞台没有把我推向芭蕾指导和舞蹈评论家。舞台让我忘记无所适从，忘记妈妈多次结婚的尴尬，忘记见不到哈罗德的痛苦。

六年级时，我决定为自己和两个最好的朋友丹妮尔和蕾娜编一支舞，准备在波恩特费曼小学的年度才艺展示上表演。丹妮尔有一半墨西哥裔血统，一半白人血统。她有一头深棕色长发，是我们三个人里最高的。蕾娜混合了墨西哥血统和亚洲血统，她和我一样，个头不高，深棕色皮肤。我们形影不离。每天下午放学后我都会去丹妮尔家，一起出去玩儿，一起做作业，一起跟着新版本合唱团[①]和大人小孩双拍档[②]的歌跳舞。我们是好姐妹，我、丹妮尔和蕾娜。

为了这次演出，我安排了强制训练。我不会因为我们感情好就在训练中放水。我们在丹妮尔家的客厅里站成一排，我站在最前面，进行日常练习。不幸的是，丹妮尔和蕾娜缺少我这样的热情。周五晚上，我们终于站上才艺展示的舞台，她们意兴阑珊的准备结果在礼堂朦胧的白光

① 新版本合唱团（New Edition），美国男子R & B乐团，成立于1978年。

② 大人小孩双拍档（Boys II Men），美国著名R & B演唱组合，成立于1988年。

下暴露无遗。

我用玛丽亚·凯莉的《我一直在想你》对口型，蕾娜和丹妮尔在我身后笨拙地跳舞，舞步混乱。我的感受根本不能用失望来形容。但我从没怀疑过自己的出色表演。在那里，在众人面前，在我小学的定点聚光灯下，我感受强烈。

下一次像这样的表演是下一个学年，那时我是丹娜中学的新生，试着跟随埃里卡的脚步，进入学校的操典队。

丹娜中学的操典队非常传奇，横扫了全国各项比赛，姐姐埃里卡曾经是队里的明星之一。她一直是我的偶像：漂亮，受欢迎，似乎从来没有经历过自我怀疑的折磨，而我却被这种折磨搞得畏缩不前。我想像她那样。而且，我想到表演时，那种渗透我生活方方面面的诚惶诚恐似乎也消失了。我的目标不仅仅是加入操典队：我想成为队长。

要想成为队长意味着我每天都要进行两项训练。一项是操典队所有预备成员都要参加的舞蹈训练，另一项是我自己的训练，我必须独立创作并进行表演。埃里卡答应会指导我编舞，但她提醒说，现在的操典队和她之前待的那个传奇队伍可能不太一样了。那个曾带领队伍获得多次胜利的教练上学年末已经离开了，新雇用的历史老师，伊丽莎白·坎廷（Elizabeth Cantine）接替了她的工作。

我还是想试试。我们全家都很喜欢离开威猛乐队单飞的乔治·迈克尔（George Michael），我们决定我要用他的《我想要你》的编舞。埃里卡和我每天放学后都要练习。

但埃里卡对我的表现很不满意。看来是我没能正确传达她的创意。最终，她爆发了不满。

“你什么都记不住！”一天下午，她对我吼道。接着，就冲出了客厅，留我一个人在那儿哭。现在回想起来，这个评价挺稀奇的。许多年后，很多编舞正是因为我能快速记住并模仿他们的舞步才找我一起合作。但那天，如果真像埃里卡说的那样，我不可能有机会出演低成本MV，更不可能参与舞剧《海盗》。

我求她回来帮我，但埃里卡拒绝了，所以我必须自己完成余下的训练。两天后，我在学校体育馆参与了选拔。这成为我漫漫选拔路的起点。

站在评审台前让我觉得有点紧张。评审台后面坐着三位校园风云人物，而一年前她们还是新生，战战兢兢地试图赢得操典队的青睐。现在她们似乎非常享受把一年前自己经历的一切再原封不动地扔给我们。新教练伊丽莎白坐在她们旁边。她像小鸟似的，个子不高，和我一样有着一头棕色鬈发，目光平静，看起来像精致的骨瓷。

我先与其他几十名候选女孩一起跳舞。然后，是我的个人展示时间。

我站得笔直，眼睛看向地面，双手交叉，单膝跪地，等待音乐响起。

“宝贝。”乔治·迈克尔的声音响起，我站了起来。在接下来的三分钟里，我踩重步、旋转、摆臀，以劈叉结束了整套动作，双手向前伸，眼睛盯着天花板。

一片安静。

“谢谢。”一个褐色头发的操典队成员简短地说，并在黄色信笺簿上做记录。

但我看到伊丽莎白露出了微笑。

回家后的那天晚上，我一直在客厅走来走去，紧张得不得了，就像有一只蝴蝶在我的胃里蹦蹦跳跳，不知道我会不会被选中。突然，电话响了。

我不仅被选进了队伍，还被提名为队长。

现在我的生活有了新变化。操典队训练时间正好是我第六节的体育课。这是件好事，因为我的校园生活已经排得满满当当。我是六年级的财务，也是一个准将。“准将”是丹娜中学给纠察队长起的怪名字。

操典队的三十名女孩在学校体育馆旁边的房间里集合。我们在练习时会穿运动服，但比赛时，我们会穿带有学校标志的衣服。下装是淡黄色带蓝白装饰的短裙，我们会把裙边卷得更短。上身是黄色V领上衣，系着厚厚的皮带，穿白色胶底防滑鞋，和科迪斯公司的鞋很像。我的衣服在角落里有“队长米斯蒂”的标志，是用白线绣上去的。

作为操典队的队长，我自然很受欢迎。但我还是觉得自己与队里的其他人格格不入。一些女孩比我大，我的生日在九月，意味着我是年级里最小的一拨人。而且我是个书呆子，这么大了还喜欢玩芭比娃娃，我会梦到自己头脑空白地出现在西班牙语口语考试上，因为完全忘了是考试周。

我的队友们则不同，她们是妈妈口中的“早熟孩子”。她们涂着厚厚的粉色或紫红色唇彩，用黑色眼线放大她们的眼睛。当我行使纠察队员的职责，盯着每个人按时去上课时，她们靠着自己的储物柜谈论想和哪个篮球队队员去约会。

除了练习和比赛，我从来没和那些女孩儿一起出去过。我最好的朋友还是杰姬，她和我一样，是学生会的。我们会坐在一起吃午餐，周末我会去她家过夜。

但我的队友们非常友好，更重要的是，她们对我表现出尊重。毫无疑问，我是跳舞跳得最好的，这就是我当队长的原因。在练习室中，我找到了自己的声音。

操典队不是白叫的。

“立正！”我大喊，“向左转！”

我是队里年纪最小的，但是她们都认真听我的指令。我喜欢这种掌控的感觉。可是，一旦训练结束，它带来的信心就会迅速消失，而我的焦虑会再次袭来。我再次回到自己的生活，害怕失去我的地位，一落千丈。

不过，还有另外一个让我觉得比较轻松的地方，圣佩德罗男孩女孩俱乐部。每天放学后，我会走两个街区到那里，和我的兄弟姐妹们聚会，直到妈妈下班，来带我们回家。

操典队训练跟我想象的很不一样。伊丽莎白从小学习古典芭蕾，她将古典芭蕾的形式和节奏融入我们的训练中。我们第一天聚在一起训练时，我按照伊丽莎白的指示，踮起脚尖，往右走，双臂打开再并拢，不停地旋转。这个动作的名字叫链转，我以前从没听说过，但转动时的呼呼声让我想起在后院后空翻时感受到的激动。

我还学会了蹲，转动，快速将我的重心转移到一条腿，另一条腿弯曲形成一个角度，然后轻落在脚尖。伊丽莎白把这个动作称为戳步。虽然我觉得这些舞步的名字非常奇怪，但这些动作本身对我来说并不陌生。

开学后几周，我突然有了一个想法，想用玛丽亚·凯莉的《圣诞节我只想要你》为操典队编一支舞。我非常投入，甚至动用了从布莱恩的母亲夏洛特奶奶那儿学来的缝纫技能，自己动手做了所有的服装。

我请求伊丽莎白动用操典队的一些经费给我们买了黄红色的紧身

衣，花了几个星期的时间用假皮草缝制小红裙子。我喜欢做这些事情：缝纫、手工制作、胡思乱想，创造。我找到了很久以前圣诞演出后留在学校地下室的红色手杖，用白色胶带裹好作为我们的舞台道具。

我下定决心要让全队对舞步记得滚瓜烂熟——不能让蕾娜和丹妮尔那场灾难性的才艺展示再次上演。我甚至安排在周末进行排练，以确保演出完美。动作中有戳步、跳跃、膝盖朝前的单脚尖旋转——我后来才意识到，这和爵士舞很像——而不是完全按照伊丽莎白有时要求我们练习的那样。

这个舞蹈是一个大杂烩，混合了伊丽莎白教给我们的所有新舞步。结尾时，我们用了一个熟悉的动作，大家像无线电城火箭女郎舞团[①]一样站成一排，做高踢腿。

演出很成功，观众们起立鼓掌。

圣诞演出是在学期期末，之后我们迎来了两个星期的寒假。返校时，伊丽莎白说，她想和我谈谈。

“你知道，你拥有学芭蕾的完美身体条件和天资，”她说，“我知道放学后你要去男孩女孩俱乐部。我一个朋友在那儿教芭蕾舞，名叫辛迪·布拉德利（Cindy Bradley）。你要不要去看看？”

我完全没想过。芭蕾舞？我怎么会想做这个？

我从来没有见过芭蕾舞。我不记得自己对芭蕾舞有什么印象——貌似很抒情，动作很慢，像伊丽莎白之前让操典队用缎带跳的那样？

应该会很喜欢，因为我觉得所有的动作都很有趣。但是，我害怕的

① 无线电城火箭女郎舞团（Radio City Rockettes），世界著名舞团，成立于1925年。

是，这可能偏离了我的舒适区。我不认识男孩女孩俱乐部的芭蕾舞老师，而找陌生人学习一种我知之甚少的舞蹈的想法让我慌张。

不过，那天下午我还是去了，因为是教练让我去的，而我总是很听老师的话。我尽职尽责地走到男孩女孩俱乐部的健身房，蹑手蹑脚潜进观众席，双臂紧抱膝盖坐在一边看。这里有十几个女孩和零星几个男孩，大多数年龄都比我小，他们在这里跳足尖舞、踢踏舞和做拉伸。接下来的一周多的时间里，我成了他们的观众。有一天，他们的老师辛迪，回头走了过来。

“我见你每天坐在这里。你在做什么？”她问我。

“操典队的主教练，伊丽莎白·坎廷让我过来看看，”我平静地说，“她觉得我很有天赋。”

“她跟我提过你，”辛迪说，她眼睛都睁大了，目光里满是赏识，“你为什么不加入我们？”

但我不能。暂时不能。其他女孩显然已经在这训练了一段时间。她们已经适应了闪亮的舞鞋、清爽的白色紧身衣和色彩斑斓的紧身连衣裤。我怎么能融入她们？

“我没有紧身衣或紧身裤。”我小声说。

“不用担心这个，”辛迪说，“穿上运动服来就行了。”

我在那儿又坐着看了一个星期。我没有告诉兄弟姐妹我去了健身房，因为不想让他们试图说服我去尝试一些我很害怕的事情。万一我参加芭蕾班出了丑怎么办？其他孩子会怎么想？辛迪跟伊丽莎白讲时，她又会怎么想？

“她完全跟不上我说的话，”我想象辛迪摇着头说，对我这么可惜感到很震惊，“这丫头还是留在操典队吧。”

终于有一天下午，我告诉自己，我要去男孩女孩俱乐部，无论如何都要去，要去试一试。我走进更衣室换衣服，穿着长到膝盖的蓝色棉质短裤、白色T恤和一双旧袜子出现在健身房，略显尴尬。我鼓起勇气，走到篮球场的中心。

我找了个地方。我站得挺挺的，凝视正前方。第一次，把我的手放在把杆上。

# 第二章

## 第一节芭蕾课

“你会在国王和王后面前跳舞，”她说，“你会过上大多数人无法企及的生活。”

我不干了。

我默默地对自己说。下了男孩女孩俱乐部的第一堂芭蕾课，我就暗自决定这是最后一堂。整整一小时里，我都觉得自己像个断线木偶，扭动躯干，伸展手臂，完全不知道在干什么。

这也算跳舞吗？十二个女孩站成一排，花一小时练习活动脚趾，控制手臂，弯曲膝盖？这和操典队里我喜欢的大踏步和跳跃完全不同。

第二天，我快速穿过健身房去参加其他的活动，第三天、第四天都是这样。但辛迪没有放弃。在我决定退出后约一周，她看到了我。

“米斯蒂！”她叫道，“你能来一下吗？”

我呆住了，不情愿地跟着她来到教室前面。对于爱紧张的我来说，这种感觉真的太糟了。第一堂课已经让我觉得不堪重负，短时间内要学的东西太多，而且，我落后其他学生太多了。我讨厌不知所措的感觉。现在，让所有人都盯着我看，而我完全不知道自己要做什么，我都要吓死了。

但辛迪轻轻地帮我拉伸身体，摆出不同的姿势，让我给其他孩子做示范。她把我的腿抬到耳朵边，活动我的脚掌。不管她让我摆什么姿势，我都能做到。辛迪说，她教了这么多年舞蹈，从没见过像我这样的。

我不知道自己是不是真的相信她。但她的赞美激起了我的好奇心，我不好意思地站进了把杆的队列里。我决定再尝试一次。

辛迪·布拉德利真的非常有说服力。

第一次见面你就能看出来，她有自由的灵魂。她有一头火红的短发，剪成了平滑的波波头，戴着闪闪发光的耳环，耳环拉扯着她的耳垂。我总是好奇，她那么瘦，那么高挑，居然承受得起耳环的重量。

后来，她告诉我，她还是个小女孩时，在父母的电唱机上听到了《公路之王》，那时她就知道自己想站在舞台上，在观众面前又唱又跳，而不是仅仅在客厅里在家人面前跟着罗杰·米勒（Roger Miller）唱歌。她从小就学习芭蕾，十七岁获得成为职业舞者的机会，与弗吉尼亚州芭蕾舞团和路易斯维尔芭蕾舞团一起表演。但不久后，她遭遇伤病，不得不在大放光彩前放弃了职业生涯。

于是，她从舞蹈转向学习音乐。她改名为“辛迪·沃多”，创立了一支朋克乐队叫“假发团”，在圣佩德罗朋克圈小有名气。他们出过一些颇受欢迎的歌曲，比如《僵硬的我》，在20世纪80年代很受欢迎。但辛迪仍然靠芭蕾付房租。她在帕洛斯弗迪斯开办了一所学校，那里是南加州的富人聚居地，离圣佩德罗不远，她可以在那儿兼职教芭蕾。最后，她嫁给了自己的学生，帕特里克·布拉德利（Patrick Bradley）。后来我才知道，相比精灵古怪且戏剧化的辛迪，他是个稳重而安静的人。

“假发团”决定在圣佩德罗落脚，因为这里靠近洛杉矶音乐圈的心脏，也离乐队大部分成员的工作地拉古纳奈杰尔市不远。辛迪后来把学校搬到了这边，与帕特里克合办了圣佩德罗芭蕾舞学校。

辛迪跨越了优雅和古怪、利己和利他之间的界限。但她让我这么一个笔直站立时膝盖自然后弯的女孩，这么一个长着7号大脚的瘦小女孩，觉得自己是世界上最漂亮、最受欢迎的小芭蕾舞演员。我从没见过像她这样的人。

最初，在男孩女孩俱乐部上课的那些下午，我从学校走过来，站在十几个未来的舞蹈演员之中。她们拉伸，下腰，神情专注，眉头紧锁。辛迪聚精会神地观察，同时做笔记，似乎只专注看我一个人。

课程内容非常基础。我们只学习了芭蕾舞最基本的脚位。

一位，脚跟并拢，两脚脚尖指向两边。

二位，保持一位姿势不变，脚跟之间空出两个脚掌的距离。

三位，一只脚的脚跟靠近另一只脚的脚心。

四位，一只脚放于另一只脚之前，相距约一只脚掌的距离。

五位，两只脚交叉，像平行等号。

通常，芭蕾老师都会把脚位、芭蕾舞姿混编在一起给学生练习，但辛迪推崇简单化。

她领着我们，我试着松开把杆跟着做。我踮脚站着，伸出双臂，仿佛抱着一个大气球。我双臂呈圆弧形，悬着，既要有力地稳住想象出来的球体不掉落，又要轻柔地保证气球不破。接着，我抬起一只脚，转身，落在另一只脚，一次次重复，直到我来到健身房的中间——我的第一次原地旋转。

一天下午，我将双臂举过头顶，起跳，同时，右腿向前伸展，左腿向后伸展。这就像我在后院和操典队练习的劈叉一样，只不过是在空中做。这是我的第一个大跳。

我还能做很多动作。当我腾空，变得更强，跳得更高的时候，我觉得很兴奋。

不管我做什么，辛迪都印象深刻。

“太惊人了，你居然能做这个！”在我做了阿拉贝斯克[1]之后，在把我弯来弯去之后，她总会喃喃地说。

我的身体仿佛有主见似的。感觉就像我生来就是跳芭蕾的，那些被意识遗忘的东西，肢体都能本能地记住。我对此毫不怀疑，但也不认为是理所当然的。就像我的学业，我在操典队的编舞，以及所有我要做的事，我渴望取悦别人，渴望完美无缺，在芭蕾课中也是这样。

我的不安感也是这样。尽管我实力不俗，芭蕾课依然让我觉得自己像刚学会闭气就被扔进了游泳池深水区。每一天走进健身房，我都觉得自己像个门外汉。我连必备的紧身衣和紧身裤都没有，每天依然穿着操典队训练时的宽松衣服上芭蕾课。再看看芭蕾课上的伙伴们，显然，从芭蕾的角度看，我是个古董。

大部分芭蕾舞演员从她们还在学前班喝盒装果汁时就开始学芭蕾了。而我已经十三岁了。自我怀疑在嘲笑我。

“你太老了。你落后太多了。你永远赶不上她们。”

但辛迪不这么认为。她找到了她梦寐以求的人选。

辛迪在男孩女孩俱乐部的芭蕾班只是暂时的。她的工作室圣佩德罗舞蹈中心，位于社区另一端。那边的人更有钱，但没有我所在的社区这么多样化。但是，她渴望将舞蹈的魔力和训练带给那些可能还没接触过舞蹈的人，因此她才来了南卡布里奥大道。她和男孩女孩俱乐部的负责人迈克·兰辛（Mike Lansing）是朋友，他们决定将俱乐部变成一个人才储备库，或是侦查基地。她教贫困阶层的孩子们学习芭蕾基础，从中

① 阿拉贝斯克，芭蕾的基本舞姿之一。

选出最具有天赋的孩子，带到她的舞蹈学校继续深造，淬炼。辛迪选择了我和另外两个有前途的学生。

“你需要强度更大的训练，需要和那些能逼你一把的强大舞者在一起。”在我花了四十五分钟的课堂时间练习单一基本站姿和蹲后，她告诉我，“在我的学校，这些你都能得到，我们应该尽快开始。”

我礼貌地听着，但内心没有任何起伏。为什么我要穿过整个镇子去学芭蕾？我怎么去得了？

我知道自己有天赋，也喜欢跳舞，但操典队依然让我感到兴奋。我很高兴自己终于可以跟上大姐埃里卡的步伐，也跟上了妈妈的步伐，她曾是堪萨斯城酋长队的啦啦队队长。操典队——那才是我的梦想。

辛迪意识到她在我这里无法取得进展，于是转而争取我母亲。她给我家送便条，写到对我能做她学生，她感到非常高兴。但她选错了信使。我把这些夸赞我天赋和潜力的便条留在了文件夹里，或任它们粘上油脂，和我的三明治包装纸、其他午餐残余一起直接扔进垃圾桶。

当然，我没有告诉辛迪，她的便条在我回家之后就不复存在了。相反，我找了些借口，比如我妈妈很忙，或者她还在考虑，或者她还不确定。但辛迪不停施压，许诺我全额奖学金，金额足以支付训练费及置装费。最后，我有了那身紧身衣，她甚至愿意每天下午从学校接我去她的工作室。

现在，我知道我必须告诉妈妈了。这感觉就像得到一个工作机会，你并不是特别喜欢，但你却不得不承认，它的津贴和福利太好了，让人很难拒绝。我告诉辛迪，也许她应该和妈妈谈谈，然后不情愿地给了她我家的电话号码。

辛迪当晚就打了过来。我不知道妈妈会说什么。我想，也许每天二十五分钟的车程会让她拒绝这个提议。我希望。但马上，妈妈说跟着辛迪学习对我有好处。妈妈没有看出我的紧张和矛盾，她只看到机会。

“你知道吗，小时候你很喜欢芭蕾。”挂断电话后，她微笑着告诉我。

“真的吗?”我怀疑地问，在开始到男孩女孩俱乐部上课前我对芭蕾完全没有概念。

“真的，”妈妈说，“四五岁的时候，我给你买了蓬蓬裙做万圣节装扮。你根本不想换下来。你想穿着去上学，每天一回家你就换上，你甚至穿着它睡觉。后来裙子实在是太破了我就偷偷拿去扔了。”

我仍然不可置信。

“无论如何，”妈妈最后说，“布拉德利小姐似乎觉得你很有潜力。我们不妨试试，看看行不行。”

于是就这么开始了。有时我会搭姐姐埃里卡和她男朋友的便车。那时候她十七岁，她的男朋友杰夫有一辆1989年的白色铃木武士车，我会溜进后座，搭他们的车去辛迪所在的富人区。但大多数日子里，我都坐辛迪的车。她会在校门口等我，看我的小身板和大脚丫出现在人群中。

尽管我还没有觉得自己像芭蕾舞演员，但多亏了这身用奖学金买的黑色紧身衣、粉色紧身裤和粉色舞鞋，至少我看起来像了。每周五天我都会站在一群学生中间，尽全力跟上节奏。他们比男孩女孩俱乐部的同学厉害多了。

在俱乐部的健身房里，我们在硬地板上跳舞。这里完全不同，辛迪的工作室是真材实料的，就像它的创始人，它有自己的怪癖。

工作室位于购物中心。走过玻璃前门，你就能看到前教室，年龄最小的学生在这里学习踢踏舞。接着是后教室，芭蕾学生在这里排练。教室看起来像一个有镜子的盒子，结构紧凑，空间宽敞。当我们在塑胶地板上滑过后，面前是灰色的墙壁。角落里藏了一些更衣室和一间厕所。大部分芭蕾舞班都有钢琴老师现场弹奏背景音乐，但圣佩德罗舞蹈中心没有钢琴，只是一个便携式音响、一堆CD和磁带。

接下来的三年里，我对这里的每一条墙缝都了如指掌。我几乎每天都待在这里，除非有演出或在外地。

大多数同学都是白人，也有几个其他肤色的孩子。

其中一个是卡塔利娜。到今天，她仍是我最好的朋友之一。她是拉丁裔，身材圆润，声音洪亮，性格开朗。她会用金线装饰黑粉相间的制服，在编好的头发上插上鲜艳的小花。我年纪比较大，但没人猜得出来，因为我个头很小，才六十斤出头，身高才一米二。卡塔利娜立即承担了大姐姐的角色。

“需要帮助吗，小妹妹？”我到学校的第一周，她这么问我，当时我在更衣室整理我的紧身衣。

“不用，谢谢。”我回答，瞟了她一眼。小妹妹？“你多大了？”我问她。

“十岁。”她回答说。“好吧，”我语带傲慢地说，“我十三了。”她的眼里满是不相信。但是，从那天起，我们几乎形影不离。

另一个是杰森·海利（Jason Haley）。他是个非裔男孩，我们后来变得很亲近。他个子高大，皮肤黝黑，举止优雅。我在舞蹈中心的每一堂课都和杰森一起上，他常常做我的舞伴。他和我一样，是个芭蕾路上的迟来者，是辛迪奖学金得主之一，也是男孩女孩俱乐部的成员。除此之外，我们还有很多共同点。

对我们俩来说，芭蕾让我们在动荡的生活中得以喘息。

杰森的父亲去世了，母亲一直与贫穷和毒瘾做斗争，小时候他就辗转于亲戚家。我们见面时，他住在一个阿姨家。他很有天赋，且姿态优美，但还需要打磨。你永远不知道他能否准时上台演出，而且他很少准时来上芭蕾课。最终，他离开了工作室。

但有那么一段时间，我们这三个褐色皮肤的孩子都在班里。正是我们的存在反映了辛迪的性格和愿景。芭蕾舞界的大多数人都觉得《吉赛尔》和《卡门》应该由鸽子般的精灵来扮演，演员应该身材轻盈，拥有象牙色的皮肤。但辛迪和他们不同。她认为，芭蕾因吸纳不同身材和肤色的人而变得更丰富。在我的职业生涯中，有时候我努力说服自己相信这点，最终我都会回到这个信念，相信这个舞台因为有我而更加闪亮，即使一些观众、一些同事并不认同。

有一段时间，我只是在不断重复这些动作。接着，这个念头出现了。

我不记得那具体是什么时候。是到辛迪学校的第一周，我发现自己沉浸在一个全新的世界，还是几周之后，到舞蹈中心上课成为我日常生活的一部分，就像我在日出前的黑暗中按掉闹钟那样。

也许是因为这里的严谨和日常训练，我和舞蹈班同学在把杆边一字排开，挺拔如尖塔。也许是因为看到了墙上散发着清洁剂气味的镜子，发现镜子里那位优雅、美丽的芭蕾舞者，是我自己。我只记得，操典队，我小学时代梦寐以求的东西变得越来越不重要，芭蕾异军突起。这才是我想要的，我要做的。

辛迪从一开始就激励我，她让我进高级班，看我能不能跟得上已经训练了很多年的学生。我去了，而且我做到了。这让她把我推得更远，更快。有些技巧，青年舞蹈家通常耗时几个月甚至一年才能掌握，而且还练不到完美，而我几分钟就能学会。辛迪是这么说的。

进入辛迪的学校八个星期后，我立上了足尖。

立足尖，穿上经过特殊处理的足尖鞋，这种鞋能让芭蕾舞演员跳舞时通过脚趾尖站立，对年轻舞者来说是一种仪式。后来我才了解到，大部分新芭蕾舞者得求上老师好多年才能试穿足尖鞋。一旦他们收到自己的第一双足尖鞋，他们不会再做其他事，而是反复练习多年，适应动作，确保他们的足尖能支撑他们完成更复杂的舞步：挥鞭、原地旋转、翻身转。操之过急很容易出问题。准备不充分的舞者会导致脚部严重受损，好几年里都没法正常演出和练习技巧，最后，他们的职业生涯还没开始就要结束了。

但辛迪相信我有实力，有能力立足尖，尽管从我第一堂芭蕾课到现在不过几个月。她非常确信，准备好了相机，拍下了这意义重大的时刻。这有点像妈妈拍下第一次放手，让孩子自己走路的瞬间。尽管很多人都错过了，但辛迪没有。我觉得，她打一开始就认为，按她的计划，我注定会成名。她下定决心要记录这一路上的每一次探底、翻身和突破。

“完美的芭蕾舞演员都有小头、溜肩、长腿、大脚和纤细的肋骨。”一天下午辛迪说，她正在读舞蹈家乔治·巴兰钦的描述。

她抬头盯着我，深情款款。“说的就是你，”她轻轻地说，“你很完美。”

我笑了。

“你会在国王和王后面前跳舞，”她说，“你会过上大多数人无法企及的生活。”

我开始相信她。

# 第三章

# 芭蕾：我的避风港

芭蕾把优雅和体系带进了我的生命。

芭蕾把优雅和体系带进了我的生命。在舞蹈中心，所有的旋转和扭动都由我做主，紧紧地掌握在自己手中。这与我在外面的生活形成了鲜明的对比，外面的我是失控的。

在和布莱恩一起住的房子里，我和埃里卡、林赛共用一个房间，房间很漂亮，打开彩色玻璃门就是郁郁葱葱的世界，我们在那里跳舞、玩耍。生活比起跟哈罗德在一起时更加死板。餐桌上，我们不能在满嘴食物的时候大笑，也不能把手肘放上桌子。吃饭的时候必须保持安静，但有时强忍着不出声反而让我们咯咯傻笑。我们会盯着对方，面部抽搐，最后爆笑起来。

布莱恩会瞪我们，或是大叫着让我们安静。他受不了埃里卡不吃蔬菜。好几个晚上，我们其他人已经洗好碗，坐在那儿看《考斯比一家》或《罗珊娜》了，埃里卡还是在饭桌上，被迫坐在那儿直到吃完所有的胡萝卜和豌豆。

不过，他的严厉某种程度上安抚了像我这种爱焦虑的孩子。在我们离开了布莱恩后，生活又变得不稳定起来，那时才发现我更喜欢在家时那种略微有点拘束的感觉。

与当年跟哈罗德在一起的那几年一样，我们什么都不缺。冰箱里有充足的食物，柜子里塞满了搭配好的衣服、玩具和书。

因为妈妈向来不太会做菜，布莱恩成了家里的大厨。他允许所有的孩子在厨房里自由自在地玩，他会手把手地教我们做饭，而不是加热盒装速食。

渐渐地，我和他在一起的时间比和兄弟姐妹在一起的时间还多。我习惯讨人喜欢，他跑腿儿的时候我喜欢跟着他，看他用工具和蜡擦亮他心爱的吉普车。过了一会儿，布莱恩会来找我。

“带上你的私房钱，咱们出去玩。”他悄悄地说。

我们开车去杂货店，他穿梭在货架间，挑选水果、冷盘，我用自己的零钱买士力架、饼干和瓜子。

“嘿，夏威夷女孩儿。”下班回家，看到我玩芭比娃娃，他总会唱起这首歌。布莱恩对我有很大的期望。他觉得我会成为一位伟大的骑手，因为我个头很小。

“我们应该让你上马术课，”他告诉我，“你个头不高，也不重，跟外面那些优秀骑手一个样。这是一项很有威望的运动。你听说过肯塔基州大赛马吗？”

他经常说我长得和他、和他亲戚有多像。这是真的。我有着杏仁状的眼睛，一头长长的黑发，跟我的兄弟姐妹们比，看起来更像波利尼西亚人或是亚洲人。我开始意识到，这是布莱恩和他家人的独特之处。

显然，我是布莱恩最喜欢的孩子，这直接引发了新一波无伤大雅的戏弄。这已经成为了我家的背景乐，就像玛丽亚·凯莉的最新主打歌、《周一足球夜》的主题曲一样。

“够了！”小道格顽皮地抢走了我手上的书，我忍不住对他大吼。

“你要怎样？”他会说，把书藏在身后，“跟布莱恩告状？”

“没错!”我大吼着回道。

但我很少真的这么做。我喜欢大哥。而且布莱恩脾气不好。

我和布莱恩的母亲、夏洛特奶奶很亲近。放暑假的时候，妈妈会把我扔在她粉刷过的小屋里，我会帮夏洛特奶奶照顾她日托中心的小孩。她教会我缝纫。我拿着闪亮的针给娃娃做衣服时，觉得自己挺像个艺术家。

后来，我注意到，虽然我常去夏洛特奶奶的家，但我的兄弟姐妹们从没被邀请过。布莱恩的父亲、比尔爷爷给我们造成了很大的阴影。他脸色阴沉，我们全家偶尔拜访时，他总是窝在自己的房间里。我觉得他从没跟我们这群孩子中的任何一个讲过话，甚至可能根本不认识我们。

回到家里，布莱恩虽然宠我，但也不会放松对我的约束。和我的兄弟姐妹一样，如果我没整理好床铺，或者大吵大闹，也要乖乖地去站墙角。但是我们女孩子被罚站的频率没有道格和克里斯那么勤，也不会站那么久。布莱恩常让他们在墙角站上一个多小时，头上还得顶一本厚厚的书。他们很痛苦，我看着也很痛苦。

布莱恩告诉我们，从小到大，他没少挨打。他要是在学校闯了祸，甚至只是在晚餐的时候洒了果汁，他爸都会打他，还直接打在脸上。布莱恩被赶鸭子上架，当了我们五个孩子的爸爸，我觉得他是想用他爸爸养他的方式教育男孩子们。他对兄弟俩很严厉，尤其是克里斯，因为他总是蛮横不讲理，吵吵闹闹的。

有一次，克里斯煮晚饭，结果煮成了锅巴。布莱恩提着他的耳朵，把他拖回到厨房。“弄干净!”他叫道，克里斯立马动手。还有一次，克里斯又犯了错，具体是什么我忘了，布莱恩直接用煎锅砸了他的头。

一个周六，克里斯和道格正像平时一样吵架，这次是吵他们俩谁投球投得更好。

“是我！”克里斯喊道。

“你疯了，”道格喊道，“你知道我上个赛季三振出局了多少人吗？”

布莱恩突然走进他们的卧室，说：“既然你们争不出个名堂，干脆打一架。”

布莱恩让孩子们跟着他走到后院。然后，他从车库里找了一些用来擦吉普车的碎布，把我兄弟们的拳头包上。

“现在，”布莱恩大叫道，“开打！”

后来，这个可怕的仪式在我们面前不断上演，他用这种血腥大逃杀的方式来展示他对我们的掌控。妈妈会站在一边，边看边哭。但她从来没有制止过。争斗通常只有在其中一个投降后才会结束，那时候两个人都在哭。

我们从小就怕布莱恩。只要听到他那辆红色吉普车在街角横冲直撞，轰隆隆地进入车道，我们就会手忙脚乱地捡起玩具，整理好杂志。我们都知道，要是房子不像布莱恩喜欢的那样干净整洁，我们就得吃不了兜着走。埃里卡开始常常借宿在朋友家里。道格和克里斯则花大把时间窝在自己的房间里。

我常常爬到道格的上铺，和哥哥弟弟们一起听新版本合唱团的磁带，或者是哈默、艾尔酷杰的最新说唱。

“接线员你好，我的电话出了问题。每次给我女友打过去，总是占线[1]。”道格和我会跟着节奏一起摇头。在那里，我们觉得很安全；在那里，只有我们，和我们喜欢的音乐。

但是，我们也只能躲布莱恩一会儿，我们什么都不做就能惹他生气。虽然他对男孩们很严厉，因为他们常常闹情绪，但林赛什么都不做就能让他发火。

我们的宝贝妹妹林赛完全是她父亲哈罗德的翻版，拥有焦糖奶油色的皮肤和深褐色的细密鬈发。我们一家子都是混血，但她看起来最像美非混血。而且，不管是打碎了玻璃，玩具被扔在屋子中间，还是周日早上大声喧哗，林赛总是挨骂的那一个。

一天晚上，林赛正坐在客厅的地板上画画。她当时还不到五岁。我在她旁边，打扮芭比娃娃。涂色时，她手上的橙色马克笔滑出了白色美术纸，在浅米色的地毯上留下了一道明显的印记。

“啊哦!”她天真地说。正在沙发上看报纸的布莱恩闻声抬头。

他爆发了。

“你这愚蠢的小黑鬼!”他尖叫着跳了起来，脸涨得通红，“看看你做了什么好事!”

我僵住了，惊呆了。那个字眼我只在讲南部历史的黑白纪录片里听过。我知道这是个贬义词，尤其对我的小妹妹来说。

小道格正坐在扶手椅上看电视。我知道，就凭他自身的黑人意识，和他对妹妹的保护欲，他一定非常生气和受伤。他身体僵硬，嘴唇开始颤抖，但除此之外，他动也没动。这时候，林赛的眼里噙满了泪水。我猜她即使没有听懂布莱恩粗鄙的话，也听懂了布莱恩语气里的恶意。

---

① 出自歌曲《接线员先生》。

“西尔维亚!”布莱恩喊道,“过来把你这个黑鬼女儿搞的烂摊子收拾干净!”

妈妈跑进房间,布莱恩摔门而出。她紧张地走到车库,取了漂白剂和海绵回来。她跪在地上,开始擦洗。

接下来的几年里,我们经常听到这种诋毁。我们换零钱那家店里的阿拉伯人被叫成“沙漠黑鬼”。布莱恩会谈起臭烘烘的印度人。在高速公路上被黑人挡住,他就会用那个“N”打头的词[①]开骂。看到拉丁裔青少年出游,或是在操场上听歌,他还会用老墨[②]来形容。

妈妈和布莱恩的关系渐渐恶化。她开始向孩子们倾诉,告诉我们布莱恩家族的故事,我们其实一点儿都不感兴趣。她会说,夏洛特奶奶和比尔爷爷怎么也不肯相信卡梅隆小弟弟是布莱恩的孩子。然而,时间一长,等卡梅隆褪去新生儿的稚气,五官长开了,就能明显看出,他完全是他爸的翻版。

还有一次,妈妈告诉我们,布莱恩的父母让他把她赶出去,“让我带上我的那群兔崽子赶紧滚!”

像往常一样,最糟糕的评论都是给林赛的。他们会问:“为什么那个小黑鬼不跟她爹住一块儿?”

现在回想起来,布莱恩的家人显然不信任我的母亲。纵使他们可恨,但我却很难怪罪他们。布莱恩本来自个儿过得舒舒服服的,突然之间这个女人带着五个孩子闯进了他的生活。她比他年纪大,还是个有夫之妇。他们同居了一年半,还生了个孩子,然后才去市政厅结为合法夫

① 指Nigger,黑鬼。

② 指Spics,墨西哥人。

妻。这一切都非常不合常理。而现在，经过时间和距离的沉淀，我可以理解为什么他们当时那么谨慎。

但令人震惊的是，他们讨厌妈妈，不想让我的兄弟姐妹登门拜访的主要原因，竟然是因为我们是黑人。这是我第一次因为我们家族的外表，因为我们的背景而感到消沉。

在内心深处，我相信布莱恩是个好心肠的人，因为他愿意娶一个带着五个孩子的女人，并且对这些孩子视如己出，至少在最初阶段是这样。他也是我心爱的弟弟卡梅隆的父亲，我觉得他想让这段婚姻名副其实，为我们创造一个家庭。但是，他的父母和兄弟姐妹都这么反对，这么固执。我觉得他最后屈服于压力，他与生俱来的丑陋开始逐渐显现出来。

在我的芭蕾生涯中，我会一次又一次地面对偏见，每一次都会感到难过。但和布莱恩一起生活后，这些目光再也不能让我感到惊讶。

比如我十六岁时搬到纽约时，其他芭蕾舞演员会盯着我看，不确定我是不是黑人，但确定我一定不是白人，然后他们就不再搭理我了。

或者，我申请了六个芭蕾舞团的暑期课程，收到其中五个的邀请。但辛迪告诉我，唯一的一封拒绝信就是因为我的肤色。

“别难过。”辛迪告诉我，她指的是邮箱里的那份拒绝信，“总有一天，他们会后悔的。”

我不知道他们后不后悔。但这封信，我一直留着。

妈妈对布莱恩的抱怨越来越多。

“一谈起种族，他就兴奋。”她会说，“很多人不喜欢亚洲人。”

或者说：“他最好少乱说话。总有一天，他叫别人外号，别人会听得真真切切，他最后肯定会被打趴在地下。”

但是，她只敢背着布莱恩嘀咕。等布莱恩回到家，对我们大叫，让男孩儿们打架，重复种族笑话，然后狂笑，那时候她什么都不会说。她紧张地低头看自己的腿，仿佛那里是她的避风港。但是，她不会责备他，也不会保护我们。孩子们只能自己保护自己。

有时，布莱恩希望妈妈动作快点，赶紧打扫好浴室或帮卡梅隆穿好衣服，他会抓住她的手臂，猛地一拉。我发现，在衬衫里的吊带背心下开始出现瘀青。

我们搬去和布莱恩住在一起四年后，妈妈告诉我们，她开始担心自己的生活。所以，在我在丹娜中学就读的第一学年的第五个月，我们再次收拾行李离开。

在出发的几个星期前，妈妈把我们都叫到男孩子的房间里。

“我们必须离开这里，”妈妈用几乎是耳语的音量说道，虽然那时布莱恩出门办事了，“绝不能让布莱恩察觉到我们要走。等万事俱备的时候，我会让你们知道。你们做好准备就行。”

妈妈的神情非常夸张。如果当时的情况没有那么紧张，这可能看起来很滑稽甚至是有趣。我几乎可以假装我们是间谍片演员，或者是同谋，正在策划从流放地逃跑。

埃里卡、道格和克里斯从没有真正喜欢过布莱恩。他们对哈罗德一心一意，我们都认为哈罗德才是我们真正的父亲（况且，我们常常在周末见他）。经过多年的大呼小叫、对骂，有时甚至是暴力相向，他们对布莱恩的厌恶已经发酵为仇恨。既然我们已经开始计划离开这儿，布莱恩再大叫时他们就会用假笑掩饰，因为他们知道不用忍受多久了。在布莱恩说教时，妈妈也会给我们一个会心的微笑，或是一个眼神。然后，她的目光就回到她的腿上，着手去完成布莱恩给她的任务。

一天早上，布莱恩像往常一样开着他的吉普车去办公室。妈妈通常会在布莱恩出门后半小时出门，去当地一家造纸公司做销售。

但今天不是。

林赛、埃里卡和我正在扣衬衫扣子和梳头发，妈妈冲进我们的房间，告诉我们，今天不上学。

“时候到了。”她气喘吁吁地说道。

我们开始慌慌张张地收拾，抓起行李箱，把一切能塞的东西塞进箱子。算上卡梅隆，我们现在有七个人了。但除此之外，我们这次的逃离几乎和当时来到这里时一样，慌慌张张，除了身上的衣服，几乎没带什么东西。

大约一个小时后，一辆车子在房子前面停了下来。有敲门声。

“该走了。”妈妈说着开了门。

门外站着一个瘦高的白人，戴着金丝边眼镜，顶着一头乱蓬蓬的棕色头发。我们之前从没见过他。他开始把我们的箱子塞进丰田车，后来才知道这车是他从一个朋友那里借来的。车停在妈妈的灰色雪佛兰科西嘉后面。

“这是雷。”妈妈一边装车一边急忙说道。尽管神秘人物雷显然是我们出逃计划中的一环，但没有人愿意和他上一辆车。相反，所有孩子都挤在我们母亲的车上。

妈妈坐到方向盘后面，我的兄弟姐妹和我最后一次绕过了仿佛要飞越太平洋的蜿蜒山路。

我爱我的母亲，但我从来没有真正理解过她。

她很漂亮。和玛利亚一样，我们的母亲有一头瀑布似的栗色鬈发。她的头发里点缀着红色和金色的斑点，一缕长鬈发垂下来，在她深褐色的眼睛和粗糙的皮肤上形成一圈光环。

毫无疑问，她和玛丽亚·凯莉可能是姐妹。也许这就是为什么我们全家都非常喜欢这位金发歌手。埃里卡后来用她的名字给自己唯一的女儿命名。我们经常放玛丽亚·凯莉的首张专辑，次数和我们看体育比赛差不多。《爱的愿景》是我宝贝弟弟的摇篮曲。卡梅隆会一直哭，直到他听到玛利亚那横跨五个八度的声音。接着，我们会开始放玛利亚的CD，而他会蜷缩在他的婴儿床里，很快入睡。

无论妈妈去哪儿，她一定是房间里最美的女人。我一直保持微笑，等着大家认识到，人群中最美的那位正是我的母亲。她完美到无可挑剔，不涂珊瑚口红，不刷好睫毛，她甚至都不愿走到信箱。

妈妈总是在工作，通常是在做销售。虽然在堪萨斯城时，她一直在接受护士培训。傍晚下班后，她开车到男孩女孩俱乐部去接我们。我想其他人也期待听到她的高跟鞋撞击硬木地板的声音。他们盼着跟她打招呼，正在扣球的十几岁男孩会停下来给她一个傻傻的笑容，男领队会让电话那头稍等，梳光头发，齐刷刷地把头伸出办公室大门，跟她打招呼。

我的兄弟们讨厌引人注意，尤其是小道格。“在车里等我们，我们会出来的。”他几乎每天都会生气地抱怨。但她从来不听。我觉得关于她的传说实在是太美好了。这些故事仿佛是痛苦日子里的止痛药，是在艰难悲惨的生活里获得喘息的机会。

她高中毕业没多久就嫁给了她的第一任丈夫迈克。迈克有一头极高的爆炸头，好似巧克力一般的肤色，热爱与篮球有关的一切。一颗子弹夺走了他的篮球梦，还有他和妈妈为未来做的一切规划。他和妈妈去加州奥克兰给他弟弟帮忙。结果弟弟涉毒，迈克被枪杀。

妈妈哭着跟他最好的朋友道格一起守灵。一年后，他们结婚了。那个男人，道格·柯普兰，就是我的父亲。

我知道，要撑过这样的童年需要很强的适应性。我总认为母亲那几乎从未停止的悲伤和失落让她在我和我的兄弟姐妹上投入得更多。有了我们，她就有一个永不会散的家，她能永远把我们带在身边。但是，当我们也开始漂泊，像她自己童年经历的那样时，我想知道原因。既然她自己已经经历过了，为什么不努力给大家带来她自己渴望的那种安定生活？我想继承她坚定的毅力，而不是她对男性的依赖，或她手忙脚乱的深夜逃窜。

离开布莱恩后，我们留在洛杉矶市中心，和妈妈的朋友、莫尼克阿姨和查尔斯叔叔住在一起。我们这么称呼他们，他们人非常好，用自己不大的房子接纳了妈妈、我和我的兄弟姐妹。但是，尽管他们热情好客，我依然感受到深刻的、明显的恐惧，就像跟布莱恩一起最糟糕的那段日子一样，我那与生俱来的焦虑反而退居其次了。

我从来没有住过像这样的地方。莫尼克阿姨和查尔斯叔叔家的旁边就是瘸子帮的地盘，那是洛杉矶最臭名昭著的黑帮之一的战场。那些人戴着蓝色头巾，宣誓效忠某个暴力派系，在围墙或停车标志上胡乱涂鸦。

妈妈贴在车窗上的堪萨斯城酋长队贴纸似乎激怒了某些团伙成员。也许他们以为这是某个没听说过的敌对帮派的标志。我只知道，我们经过时，他们脸色很难看。每次妈妈开车从学校接我们回家，我们都担心子弹会射穿挡风玻璃。

我们是对的。有天晚上，我们正在客厅里看电视。突然听到了“啪啪”的枪声，然后是脚步声，查尔斯叔叔和莫尼克阿姨房子的前廊传来一声闷响。

我们跑到外面。一个男人，大约二十出头，疼得在地上扭动，蓝色牛仔裤上的血迹像墨渍一样洇开。

“我中枪了。”他虚弱地说道。

莫尼克阿姨跑到里面拨打911，同时查尔斯叔叔大喊着指挥我们。

“弄点水。”查尔斯大叔喊道。我跑进屋里，往厨房的水龙头下猛塞了一口锅，再跑回门廊，水和我的眼泪一起洒在了地毯上。

“你在干吗?”查尔斯叔叔疑惑地问。他抱着受伤的陌生人的头，看着我，好像我是个疯子，不知道一个在车道枪击中受伤的人在等待救护车时需要什么。“这人渴了！他需要喝水。”我再次跑回屋里，抓起一杯水，我的身体在颤抖，感到很无助。

我不记得那个人后来怎么样了，不知道他是死是活。在这之后，我们又与莫尼克阿姨和查尔斯叔叔住了好几个星期。当妈妈告诉我们，我们要离开了的时候，我第一次为搬家而感到高兴。但我的高兴没能维持多久。

原来，我们要搬去和妈妈的新男友雷住在一起，我们几个孩子没人能受得了他。他完全是个书呆子，整天就知道装酷，从早到晚地放艾斯·库伯[1]（Ice Cube）和EPMD[2]的歌。

“哟，道格！埃里卡！皮特·洛克[3]（Pete Rock ）和CL. 斯慕斯[4]（CL. Smooth）刚出了新歌！”他会说，“快来听听看！”

埃里卡会翻个白眼然后继续看她的杂志。道格会做鬼脸，仿佛他马上就要爆炸，然后跑出去练习带球过人。

妈妈也有了一些改变，变得让我们很担心。她不再是那个严厉，或者说是充满活力的妈妈。她有点返老还童到她十几岁的样子。她和雷做了情侣文身，用黑色墨水将对方的名字龙飞凤舞地文在了肩膀上。妈妈会当着我们的面与雷热吻，她从来没在我们面前吻过哈罗德或布莱恩，这让我们觉得很恶心。

和布莱恩住在一起时，我的哥哥姐姐已经开始对妈妈很不满了。现在我也开始有了相同的感受。我们需要一个负责任的妈妈，一个保持单身或保持已婚状态的妈妈，一个把孩子看得比男伴更重要的妈妈。我们是个痴迷体育竞技的家庭，我们不知道在她被踢出局之前，她还要摸索几场婚姻，损失几段关系。我们完全不明白为什么她非要和男人住在一起，为什么有了我们这群孩子还不够。

雷在一家电子商店工作，但工资不高。妈妈在做销售，但工资不稳定。布莱恩曾是家里的经济支柱。所以，现在银根紧张。我们靠“最拉面”面条、薯片、苏打水过活，偶尔还加上一罐蔬菜。妈妈很少做饭，几乎不碰炉子。又一次，她似乎满足于推卸自己的责任，让道格或埃里

---

① 艾斯·库伯（1969—　），美国洛杉矶著名说唱组合N. W. A的核心成员。

② EMPD，成立于美国纽约的嘻哈音乐组合，被誉为嘻哈音乐史上最伟大的团队之一。

③ 皮特·洛克（1970—　），美国音乐制作人、DJ、说唱歌手。

④ CL. 斯慕斯（1968—　），美国说唱歌手。

卡从她或雷的工资里拿几块钱去买菜。而当时不到十五岁的克里斯，他曾是布莱恩厨房里最好的学生，会为全家人做饭。他会把几磅牛肉剁得尽可能地碎，迅速做好玉米饼和意大利面。

我们和雷一起住了大约一年，妈妈又带我们离开了，这次我们去了一个叫蒙特贝罗的小镇，住在妈妈的下一任男友亚历克斯狭小的公寓里。这里离我们原先位于圣佩德罗的家更远了。亚历克斯是拉丁裔，对自己的肤色比雷表现得更自在，但他的生活并不稳定。我们从来都不知道亚历克斯是不是有一份真正的工作。而和之前在雷家里一样，妈妈和亚历克斯睡在卧室，而我们孩子把毯子和枕头铺在客厅里任何一块儿干净的地方。

雷和亚历克斯居住的社区没有莫尼克阿姨和查尔斯叔叔住的街道那么危险。但公寓原本就是年轻人的临时住所，这些人整夜开派对，睡到中午才起床，这不适合有六个孩子的家庭居住。在狭小的空间里，厨房椅子刮蹭的声音，和电话铃声似乎都更响亮了，感觉就像狭小和凌乱放大了原本的声音。

我们只能自暴自弃。妈妈一直有洁癖，但这里人太多，地方太小，让她根本没法整理。她再也不穿她的高跟鞋和时尚西装。她也没必要穿了。在从雷换到亚历克斯的这段时间里，妈妈丢了最后一份工作，她在努力寻找新工作。我们的灰色雪佛兰科西嘉，现在也没了。

我们这帮孩子依然是个团结的群体，现在比以前更加团结。我从不会一个人坐公交或者步行回家。但是，我们和妈妈之间的距离却越来越远。

接着，在我们与亚历克斯一起生活几个月后，他失去了他的公寓。我们再次转移，这次住进了一家汽车旅馆。他和我们一起。

日落旅馆，是一座紧靠繁忙高速公路的两层灰泥小楼。我们又回到了圣佩德罗，我们上学的通勤距离短了。但这里，这个城市的这个部分，完全没有家的感觉。

我们的房间位于顶层的背面。我们这群孩子睡在沙发上，睡在大前室的地板上。但我常常在放学后躲进妈妈的卧室，试图在梦中或舞蹈中逃离现实。俯瞰太平洋的前廊早已不复存在，取而代之的是一个室外的走廊，和汽车旅馆的其他房客共享。

我试图充分利用这个走廊。我会假装走廊是一个阳台，我坐在那里，沐浴在阳光下。我把栏杆当作我的专属把杆，抓住栏杆，手指向天空伸展。或者，我会把卡梅隆的小手放在冰凉的金属栏杆上，带他做各种芭蕾姿势，就像辛迪带我做那样。

当时，卡梅隆时不时地消失在我们的生活里。他的父亲布莱恩，不想让他住汽车旅馆。于是他把妈妈告上了法庭，获得了抚养权。卡梅隆只能在周末和我们相聚。林赛一直每隔一段时间就会在哈罗德那儿待上几周。而埃里卡开始尽量和朋友们在一起，就像当年我们和布莱恩住在一起时一样，现在她很少睡在家里。我们家在关系最好的时候也会吵闹，可现在已经分崩离析了。

在通常情况下，我们没什么钱。我们会仔细扒拉沙发垫，搜索地毯，试图找到一两块零钱。然后我们会去街头小店，看看能不能买点东西吃。终于，妈妈申领了食品券。

在学校里，我依旧试图表现完美。我总是在第一堂课铃响前到学校，认真履行我作为纠察队长和操典队长的职责。我越来越封闭自己，试图让这一切成为秘密，不告诉朋友我又搬家了，我没有自己的房间……甚至没有自己的床。一直以来，我在朋友家待的时间远多于他们在我家待的，假装生活一切如常并不是很难。

但是，假装自己不知道真的很难。我很感激自己能在舞蹈工作室、在芭蕾中短暂逃离我一团糟的生活。只有在这里，生活才是规规矩矩的，才是有尊严的。太棒了。尽管家里动荡不安，我依然坚持每天去舞蹈室，从学校搭辛迪的车走半小时到舞蹈中心，然后坐一个小时的公交车回到汽车旅馆。

几个星期很快就过去了。我对芭蕾的掌握更加纯熟，很快迎来了我的首秀。表演在帕洛斯维第斯艺术中心进行，宣传单上写着“充满艺术、音乐和文化气息的下午”，约二百位观众里大多是老年人和白人。

节目包括一个年纪稍大的十来岁的女孩演唱听了就忘的流行歌。一组高中生展示现代舞日常训练。还有我，这群人中唯一一个芭蕾舞演员。辛迪用当时我掌握了的舞姿、旋转和跳跃编了一个简单的节目。我穿着黑色紧身衣，搭配粉色棉布裙子，头发上插了一朵玫红色的玫瑰。

妈妈没来。我的兄弟姐妹们也没来。只有辛迪来了。

我第一次在众人面前表演芭蕾独舞，那之后，我爱上了这种感觉。这很有趣，很令人兴奋。每一天我都迫不及待地等待第六节课下课铃响，然后迅速地冲出门，跳进辛迪的车，前往工作室。

但是，妈妈对我的芭蕾梦的观点开始改变了。

杰夫不能载埃里卡的时候，她会自己坐一小时公交车到教室接我，这样我就不用一个人坐公共交通回去。等回到家，天已经黑了，我们两个常常搞得疲惫不堪。

一天晚上，我们吃完晚饭，涮好盘子。我正准备做作业，妈妈突然坐在了我旁边。她说，芭蕾课那么远，别去了。

“太累了。”她摇摇头说，眼里浮起淡淡的悲伤，“你应该早点回家，完成作业。而你和埃里卡牺牲了你们和朋友聚会的时间。我知道你很喜欢芭蕾课，但童年一去不复返。”

我知道妈妈是出于好意，她是因为担心才这么说。但我认为她根本不明白，对我来说，芭蕾已经远远不是一个爱好。我需要它，非常非常需要它。

妈妈告诉我我必须放弃芭蕾后的第二天，辛迪在学校门口等我。她一直通过组织者找我，不知道我什么时候出现。

我打开车门，坐在她旁边。

“我不能再跳舞了。”我脱口而出，接着泣不成声，“妈妈说，工作室太远了。说太累了，说我错过了与朋友们相处的时间，我的作业一团糟。”

辛迪看起来好像是已经忘记了怎么呼吸。她睁大双眼，眼里闪着光。我们就这么坐了几分钟，沉默不语。

“至少，”她最后说，“我还能开车送你回家。”

我太累了，累到无法拒绝。我太难过了，难过到无法守住我的秘密。我告诉了她我的地址。

一路上我们都很安静。我试图想象，没有了芭蕾，我该用什么填补生活的空缺。我想了好久，什么都想不出来。终于，辛迪停了车。她盯着破败的旅馆，盯着我们一家住的地方，她看上去和我告诉她我不能再跟着她一起跳舞时一样惊讶。

“谢谢你的顺风车。”我低声说，赶紧下了车。上楼后，我摸索着房间的钥匙，进了客厅。毯子被卷了起来，放在后来会被他们当作临时床铺的位置旁边。

我敢肯定，妈妈一定不相信是自己疏忽大意了。毕竟，我们并不总是睡在地上的草垫子上。我们并不总是把汽车旅馆当作家，这里的大厅有一个窗口可以把我们的房租塞进去。我们并不总是在高速公路旁辗转难眠，旁边就是酒类专卖店和墨西哥卷饼店。

但这就是我们生活的现状。这就是辛迪看到的一切。

有人来敲门了。卧室里的妈妈出去开了门。

“我不能丢下她，”辛迪说道，脸上满是泪水，“我想让米斯蒂跟我住。”

这两个女人挤在一起，轻声说话，偶尔哭泣。妈妈叹了口气，转头看了看拥挤的汽车旅馆房间。

她让我走了。

# 第四章

# 初登舞台

芭蕾的动作行云流水，旋转中混合着力量和优雅，把沉闷的房间瞬间变成了音乐盒，而你就是音乐盒中不停旋转的小人。

等我们到了辛迪家，天色已经晚了。

妈妈说我可以跟辛迪走时，我整个人都是蒙的，稀里糊涂地把东西打了包。蓝色牛仔裤、睡衣、几件上衣。那个时候，我的东西并不多。接着，妈妈紧紧地抱了抱我。

我慢慢地走出旧生活，踏入新生活。

辛迪的家在小城的另一边。她住在天使门灯塔附近山上的一间公寓里。她的丈夫帕特里克是个冲浪运动员。当他既不在划水追浪，也不在教授舞蹈时，就一定在做甜点。他们家的前门距离卡布里奥海滩仅仅两个街区，公寓里满是肉桂和大海的味道。房间里有很多画、雕塑和很多美丽的小东西。我记得当时自己在想，这些精致的小玩意儿在我家根本没法活下来。

辛迪带我去了大卧室，以后我将和她三岁大的儿子沃菲共用这个房间。当时，沃菲已经在下铺睡着了。我换了睡衣，爬到上铺，辛迪走过来给我掖好被角。

“晚安，亲爱的，”她低声说着，亲吻了我的脸颊，“你能来，我很高兴。”

这一切来得太突然了——妈妈妥协了，我搬出大家一起住的汽车旅馆的房间——据我所知，和舞蹈老师住在一起并不是什么新奇的事。有才华的年轻舞蹈演员和运动员经常离开家，和他们的教练、老师住在一起，以便能集中精力训练。辛迪十几岁的时候也离开了小时候的家去追寻自己的舞蹈梦想。

然而，我躺在黑暗中，心怦怦直跳。现在，我不仅要试着融入学校，还要试着融入这个新家。这又是一项考验，又是一座错综复杂的社会迷宫，我只能摸索我的道路。

但我也知道，当知道我自己再也不能跳芭蕾的时候，我有多么崩溃，我的灵魂受到了多么强烈的撞击！

“就这样吧！”我告诉自己，“只有这样才能继续跳舞。”我不得不接受现实。终于，我睡着了。

第二天早上醒来时，沃菲正站在他的床沿上趴在我的床边，睁着大眼睛盯着我看。在接下来的两年，我都住在他的房间里。他常常这么看着我。看上去，他一直有点害怕这个突然出现在他生活中的棕色皮肤的姐姐。我记得有时候半夜醒来，发现他在轻抚我的脸。沃菲很喜欢我，我也很喜欢他。他是我的新弟弟。

这一切是多么自然。在我的生活中，搬家从来都是件悲伤的事。离开哈罗德，搬去和布莱恩一起住，然后又跟着雷逃离布莱恩，最后一家人和亚历克斯一起蜗居在汽车旅馆。但这次不一样，这次搬家不一样。辛迪和帕特里克那么热情，那么善良，沃菲也让我想起了最爱的弟弟妹妹卡梅隆和林赛。我完全不用费尽心思去适应。布拉德利一家人欢迎本来的那个我。

* * * * * *

我再也不用坐公交车去丹娜中学，也不用傍晚才回到家。早上，辛迪会送我去上学，下课铃响后她会接我去她的工作室。我依然是操典队队长，每到第六节体育课都会赶去训练，但我的热情已经消退。日常训练现在看来既简单又缺乏灵感，芭蕾就完全不同，芭蕾的动作行云流水，旋转中混合着力量和优雅，把沉闷的房间瞬间变成了音乐盒，而你就是音乐盒中不停旋转的小人。

伊丽莎白·坎廷完全理解这种感受。她是操典队的教练，我们刚开始训练她就看出来我拥有芭蕾舞演员的身材线条和流畅性。当初是她鼓励我参加辛迪在男孩女孩俱乐部的芭蕾舞班。在未来的几年里，她一直在我刚刚萌芽的舞蹈生涯和我的生活中扮演着重要的角色。

我最初不知道。早在辛迪决定为我提供奖学金去她学校之前，已经跟她的朋友伊丽莎白讨论过，伊丽莎白和她的丈夫理查德愿意帮我置办我的装备。这是笔不小的开支。足尖鞋八十美元一双，我换鞋的速度和篮球队员磨损运动鞋的速度差不多。而且，我还在不断长高，所以需要不断买新的紧身衣和紧身连衣裤。伊丽莎白和理查德很多年来一直为我提供经济资助。他们非常相信我，也非常关心我。

伊丽莎白是我的良师益友。我上高中的时候，她和她的丈夫宣布成为我的名誉教父母。她来辛迪的学校看我上课，从来没有错过我的任何演出。我经常借宿在她家。在我和辛迪不得不分开后，她也一直都在。直到今天，我依然常常见到伊丽莎白和理查德，我的教父母。

*　*　*　*　*　*

我总是说，芭蕾里没有捷径，没办法跳过步骤。这是我的真心话。你必须首先知道怎么蹲——顺着你脚趾的方向优雅地弯曲膝盖，怎么做吸腿立——快速抬脚至膝盖后侧，然后还原，然后你才能在做挥鞭时自如地控制你的腿。

所以，我在圣佩德罗的舞蹈中心跟着幼儿班（我这么叫年纪最小的那拨学生）从基础开始学。但我的身形很小，大多数围观的人都看不出来我已经快十四岁了，比班里的其他孩子大多了。

在这个最基础的班里，我们会双手扶着把杆练习蹲，反复练习芭蕾的基础姿态，一位，二位，三位，四位，五位。

然后就开始上足尖课，我们会重复在把杆上练习过的动作，只不过这次要立在脚尖上。我一天上三节课，一节比一节难。每堂课约有二十名学生，其中大部分是女生，大部分都是白人。课程的节奏很快，一半的时间里，我都搞不懂这些舞步复杂的法语名字和奇怪的拼写方式。

但辛迪一开始就把我扔进了更高级的班里，她知道我能马上学会课堂上的东西。我只是需要看看芭蕾舞教练、看看她放的录像、看看其他同学的动作，就能记住。然后我会立刻像镜子一样完美复制他们的动作。

我记得刚开始学习转圈时的场景。我总是特别想上那门课，一次次积极地尝试那些复杂的动作，想搞清楚怎样才能做到，怎样才能完成得更好。辛迪教我扶着把杆练习，把动作分解开来学。

“先做蹲，”她解释道，“把腿滑到一边，然后做吸腿立。”

每天用一小时重复练习这些步骤，先扶着把杆练习，直到我终于能放开把杆，在房间中央转圈。有一天，终于做到了，蹲！立脚尖！吸腿立！那天，我激动坏了。

第二天，我再次回到基础班学习。在基础班，我会精进在高级班学到的东西，确保舞蹈的每一个部分都尽可能原汁原味。学习与舞伴共舞，学习双人舞是一门单独的课程。

有时候，帕特里克会上这门课。但在通常情况下，我的教练是我的第一个舞伴，查尔斯·梅普尔（Charles Maple）。米哈伊尔·巴雷什尼科夫（Mikhail Baryshnikov）担任美国芭蕾舞剧院董事时，他曾是那儿的独舞演员。

我个头小，加上又初生牛犊不怕虎，成了他的演示舞伴。

“控制身体，不要动。”他会说。此时，他正用单臂把我举过头顶。我可以静如雕像，也可以灵活得仿佛布娃娃——无论他在抛起、托举、旋转时需要我做什么，我都可以做到。一节课下来，我肯定头晕眼花，气喘吁吁。

我对自己学得多快毫不自知，也不懂随便看一遍编舞，身体就能准确表演出来是一件多么不寻常的事。但我开始一遍又一遍地在辛迪、查尔斯、伊丽莎白提到我时听到一个词，他们用这个词定义我。

神童。

起初，我不明白这个词的分量，不懂这意味着我起步时与生俱来的能力令很多人望尘莫及。那时我只知道，跳舞从一开始就妙趣横生，合我胃口。而我习惯讨好的心态逼着我不断进步。

这么多年过去，我的舞蹈技巧一直非常扎实，动作干净利落。但是，我还是坚持去芭蕾舞班，每周去五六天。舞蹈演员都明白。尽管我们知道自己永远无法达到完美，但还是必须不断努力。直到你退役的那一天，你都必须不断学习、实践、突破。

时间和技术的刀锋划出完美起落和不幸摔倒在地的界线，芭蕾因此而美丽。

人性的弱点是完美之路上的障碍。身体总是屈服于疲倦或伤痛。总有地方不对劲。随着身体不断老化，生活的压力和痛苦成为生命中不可忽略的部分，舞蹈技巧也会随之改变。作为女人的米斯蒂在不断成长，作为芭蕾舞演员的米斯蒂也是，她要不断适应新的现实和突如其来的限制。

但是，如果从没穿过足尖鞋，你可能很难理解我的心态。

“你还在上芭蕾课?”一个儿时的朋友曾这样问我，语气里满是难以置信。

这个问题曾让我感到厌倦。但也仅此而已。

“是的，”我回答，“我会一直这么上下去。”

* * * * * *

芭蕾填满了我的新生活。我坐在辛迪和帕特里克家的电视机前，邂逅了美国芭蕾舞剧院。

除了音乐录影带，我从没看过任何专业舞蹈表演，更别提专业芭蕾舞表演。但在辛迪家里，我们看的几乎全是专业表演。在我家，星期日下午的主宰是足球比赛，那样的日子一去不复返了。在布拉德利家，我会在电视机前坐上好几个小时，只为了看美国芭蕾舞剧院的演出录像。我被深深地迷住了，就像当年我邂逅体操时那样。只是屏幕上的人变了，不再是科马内奇。这是格尔塞·柯克兰①（Gelsey Kirkland）、娜塔莉

① 格尔塞·柯克兰（1952—　），美国芭蕾舞蹈家。1968年，十五岁应巴兰钦之邀加入纽约城市芭蕾舞团，1969年成为独舞，1972年成为首席。

娅·玛卡洛娃[①]（Natalia Makarova），鲁道夫·纽瑞耶夫[②]（Rudolf Nureyev）和帕洛玛·赫莱拉[③]（Paloma Herrera）。

美国芭蕾舞剧院由米哈伊尔·莫尔德金[④]（Mikhail Mordkin）创建于20世纪30年代，他曾效力于俄罗斯莫斯科大剧院芭蕾舞团。美国芭蕾舞剧院的总部设在纽约，迅速成长为全球最优秀的古典芭蕾舞团之一。辛迪和帕特里克很了解美国芭蕾舞剧院。他们认为我命中注定要去那里。

米哈伊尔·巴里什尼科夫于1980年成为美国芭蕾舞剧院的艺术总监。但在此四年前，他是狼阱[⑤]的演员。那地方是个传奇。他曾和20世纪60至70年代著名芭蕾舞演员，乔治·巴兰钦的缪斯之一格尔塞·柯克兰在《堂吉诃德》中合作双人舞。他们表演的那段录像带，我大概看了一百多遍。那时我就下定决心要成为琪蒂。

在舞剧《堂吉诃德》中，琪蒂是酒馆老板的女儿。她感性，热情似火，拒绝嫁给豪门贵族，希望能和理发师巴西利奥在一起。她的一举一动都透露着莽撞与勇气。她旋转身体，倾斜肩膀—— 漂亮的斜肩侧身——撩人地开扇、关扇，挥舞她那把好看的扇子。

手腕轻轻一抖，或在被迫嫁给不喜欢的人时，孩子气地跺脚，都透露出她的态度。这部舞剧中充斥着快节奏、爆发力十足的舞步，还有连

---

① 娜塔莉娅·玛卡洛娃（1940—　），俄罗斯芭蕾舞演员，1970年加入美国芭蕾舞剧院，代表作《天鹅湖》《吉赛尔》。

② 鲁道夫·纽瑞耶夫（1938—1993），俄罗斯芭蕾舞蹈家。

③ 帕洛玛·赫莱拉（1975—　），阿根廷芭蕾舞蹈家，原美国芭蕾舞剧院首席领舞。

④ 米哈伊尔·莫尔德金（1880—1944），俄罗斯芭蕾舞大师。

⑤ 狼阱，指美国狼阱国家表演艺术公园（Wolf Trap National Park for the Performing Arts），位于弗吉尼亚州费尔法克斯县。

续的大跳。但编舞只是其中的一部分。舞者必须融入琪蒂的性格，要成为她，才能真正传达这个故事。

不知道为什么，我在琪蒂身上看到了自己的影子，感受到了我们之间的联系。

格尔塞·柯克兰让我爱上琪蒂，而琪蒂让我发现了帕洛玛。

帕洛玛·赫莱拉是美国芭蕾舞剧院史上最年轻的明星之一。她生于布宜诺斯艾利斯，十五岁加入芭蕾舞团，十七岁成为独舞演员，十九岁成为主角。她成了我的偶像，我像其他孩子当时追薇诺娜·瑞德（Wynona Ryde）的新电影、麦当娜的最新恋情那样疯狂地迷恋她。我第一次看《堂吉诃德》是在洛杉矶市中心的多萝西钱德勒剧场，帕洛玛是那场的主演。

她那时刚刚晋升为主角，在剧中饰演琪蒂，与安杰尔·卡雷拉（Angel Carrera）饰演的巴西利奥搭档。当时，他们两人是芭蕾舞界风头正劲的新星。他们年轻、漂亮，都说西班牙语，非常适合剧中的角色。辛迪和我一起去看表演，我记得我坐在座位上，目瞪口呆，成了追星族。

我追帕洛玛追了很多年，收集《舞蹈》《足尖》以及《纽约时报》上关于她的文章。豪华钟表公司摩凡陀是美国芭蕾舞剧院的赞助商之一。帕洛玛的脸令他们的广告增色不少。她甚至还出演了摩凡陀的电视广告。

我疯狂地想追随帕洛玛的脚步。我，也要，尽快加入一个主流舞团。我决定，我要在其他女孩挑选出毕业舞会礼服前，成为主角，主演《罗密欧与朱丽叶》或《舞姬》这样的剧。

当然，这没有任何意义。我接触芭蕾太晚了，来不及在十几岁的时候成为独舞演员或是主角。对像帕洛玛这样一生都在跳芭蕾的人来说，她的成就也非常罕见。

四年后，我十七岁，加入了美国芭蕾舞剧院。我会见到帕洛玛。我们会同台演出，会成为好朋友。但是，在我们成为同事前，她是我的一切。

* * * * * *

我和辛迪一起生活期间，芭蕾一直是我的中心，但它只是生活的一部分。温暖的家庭生活冲淡了芭蕾、课堂、排练和越来越多的演出带来的压力。

对我来说，这是全新的体验。和布莱恩住在一起的时候，我体验了有组织的生活，但这种生活一直伴随着暴力和恐惧。布拉德利家的日常让我体会到被保护和被爱。

我不知道辛迪和帕特里克算不算富有。但在我看来，他们至少算是小康水平，并且经济稳定。我做作业时，周围安安静静的，没有人走来走去。我甚至第一次有了家庭宠物。一只名为米莎的黑贵宾，辛迪以米哈伊尔·巴里什尼科夫的名字为它命名。

我搬来后没多久，辛迪、帕特里克、沃菲和我一起去了照相馆，拍了全家福。照片上，我穿着黑色紧身衣，沃菲穿着小版丹斯金。我们的照片挂满了屋子。我们真的成了一家人。

见到辛迪的父母欧文和凯瑟琳时，他们告诉我，我可以跟着沃菲叫他们“阿爷”和“巴比”。我们常常互相拜访。阿爷和巴比后来在街角买了套房子，给沃菲和我都留了房间。

辛迪信仰犹太教，于是我开始学习犹太教的仪式和传统。

小时候，星期天哈罗德经常开车到布莱恩家，带上我和我的兄弟姐妹，载我们去教堂。我算是基督徒，尤其是在“今天是复活节！今天是圣诞节！我们去做志愿者吧！”的时候。

现在，我经常跟着巴比和阿爷一起去堂会。每个星期六我们会一起吃饭庆祝安息日，在日落前点燃蜡烛和背诵特别的祈祷词。

主，我们的神，天地的主宰，祢是应当称颂的。

祢以祢的诫命使我们成圣。

点燃安息日的蜡烛。

阿门！

我渐渐将这些话熟记在心。

我重返厨房，就像以前跟着布莱恩时一样，但现在巴比是主厨。我学着做面包鸡汤。我们在大碗里搅拌熟肉、鸡蛋、水和鸡油，再用勺子做成大丸子。我把丸子丢进沸腾的肉汤里，看着它们浮起来。

最后，我默默地想，这才是家应该有的样子。

在我们去的会堂里好像没有别的黑人，但我只能从记忆中的片段得知。当时我觉得没什么不妥，但巴比可能注意到了。

某个星期六，我去她家里玩儿。我们忙完了厨房里的事情，巴比把磁带放进录像机。是《吾爱吾师》，1967年由传奇黑人影星西德尼·波蒂埃（Sidney Poitier）主演的电影。他在片中饰演一位老师，试图在伦敦贫民区教育一批以白人为主的孩子。

我们一起看。片子结束时，巴比轻声跟着主题曲主唱。

“他是第一个赢得奥斯卡的黑人，”鸣谢字幕滚动完后，她这么评价波蒂埃，“他打破了藩篱。你也是。”

巴比说西德尼·波蒂埃魅力十足，天赋惊人。我也是。在这些白人主导的领域，我们的存在对所有的演员、所有的观众来说都是一个礼物。

我想，这是巴比第一次提及我是黑人的事实。在她提起时，罕见地，我觉得这不是件消极的事。这不过是我与众不同的其中一点。

我以前从不觉得自己与众不同。我觉得自己从来也不想与众不同。因为这意味着，所有的人都会盯着我看，我不得不大声说话，很可能会说错话，还会被人品头论足。我宁愿躲起来。

但在辛迪的家里，我不会躲起来。在饭桌上，我们吃着帕特里克准备好的饭菜，他们会和我探讨我的生活、我的未来。即使沃菲，他们的亲生儿子坐在旁边，辛迪和帕特里克的目光也完全在我身上。

“我觉得我的跳跃能力越来越强了，”我自豪地说，“今天我跳起来的时候，滞空时间又长了一点。”

“有些舞者有跳舞的体质，有些有跳舞的能力。”辛迪说道，帕特里克在一旁频频点头，“你两者都有。”

“你会成为传奇，”辛迪说，“你是神的孩子。”

* * * * * *

我和妈妈一起生活期间，还有车的时候，她有时会开车到丹妮尔家或蕾娜家接我，我们会调大收音机音量，跟着托尼·布拉克斯顿（Toni Braxton）唱歌。

整整七天，没有你的消息。

整整七夜，我浑浑噩噩。

我不能接受，无法接受，

再也不能忍受，我宁愿孤身一人，

是的，孤身一人。[①]

那几分钟里，感觉就像我们拉着手，随着旋律一起滑翔。但是，这就是我和妈妈最亲近的时刻了。我和妈妈的谈话总是很简洁，通常也很肤浅。我觉得，一天下来，结束了朝九晚五的工作，还要抚养六个孩子，照顾一个或吸毒或酗酒的伴侣，妈妈实在是太累了，无法深入探究我的想法和感受。在一天结束时，她已经无话可说。

不过，辛迪总是能和我聊很久。她送我到学校，下午接我放学，从舞蹈中心开车接我回家，一路上她总能问我层出不穷的问题。

“你希望谁赢得大选，比尔·克林顿（Bill Clinton）和鲍勃·多尔（Bob Dole）?”在胶着的总统选举期间，她这么问我。

“现在发现了新药，能帮助艾滋病患者，”辛迪说道，她有许多同性恋朋友，“你觉得，大家会不会不那么害怕艾滋病人？这种污名会不会消失?”

她希望我去深思，去解释，去大胆表达自己的想法。

“我觉得比尔·克林顿代表着更新、更宽容的一代。”看完总统辩论，又阅读了一堆关于候选人的新闻报道之后，我说道，“白宫需要一

① 出自托尼·布拉克斯顿的歌曲《七天》。

些新思维。二战归来的那些人，他们的时代已经结束了。”

而说到新的蛋白酶抑制剂，“新药肯定能帮助艾滋病人，”我总结道，“但艾滋病也很新，很可怕，所以我觉得还要过一段时间，人们才会将它视为慢性疾病，而不是死刑。”

辛迪总是表现得我的结论仿佛是她听过最睿智、最深刻的分析。她的认可让我走出了自己的龟壳。以前，回家后的生活无比喧嚣，我习惯保持沉默，这让我感到舒服。但现在我开始听到自己的声音。而且我喜欢这样。

辛迪是白人女性，但她让我觉得我的棕色皮肤是世界上最美的东西。

除去布莱恩和他的家人对我母亲和兄弟姐妹说的那些恶言，我对自己的棕色皮肤一向感觉良好。我从来没有想过改变我的肤色。但在辛迪看来，我的黑人血统让我更加出色。

她特别喜欢我卷卷的头发。在我家，我毛躁的头发是一大把需要捋顺的茅草。从小，都是大姐埃里卡帮我吹干头发，捋顺卷毛，让它们服服帖帖地垂下。有时我想扎马尾辫，她会紧紧地把我的头发往后拉，我的太阳穴都被拉痛了。接着，她会用发胶固定每一根她觉得会跑出来的头发。黑人女性都是这样。我们用电熨斗和滚烫的直梳让我们扭结的头发低头屈服。

但辛迪喜欢我头发自由奔放的样子。有一次，她偷拍了一张我的照片。照片上，我穿着她给我买的波点连衣裙，鬈发随意地垂下，正走进她的房间。我不得不承认，刚看到照片的时候我吓了一跳。这不是我学过的打理头发的方式，尤其不该出现在一张可能在未来几年被放在壁炉上方的照片里。但我在布拉德利家住得越久，我就越习惯我的鬈发。

有一天，我看着那张照片，心想“哇，真好看”。感觉就像我第一次看到它，第一次看清我自己。

甚至在完全接受它以前，我就开始常常以辛迪喜欢的方式来打理头发。你很难抗拒她的魅力：她让人感觉舒服，你愿意相信没人比你更美；她充满激情，像一阵狂风刮过整个屋子。

被辛迪影响的人，都会不自觉地顺着她飘忽不定的节奏。比如，她从来没问过帕特里克我能不能和他们一起住。他第二天早上醒来的时候，我已经在那儿了。他可能和沃菲一样摸不着头脑，但他从来不会表现出来，总是让我觉得这儿就是自己的家。

辛迪有时会很冲动，甚至有点鲁莽。

我十五岁前的那个夏天，我们最终认为接受家庭教育，腾出更多的时间练习舞蹈对我来说是更好的。离公寓几个街区的地方，有个独立的教育项目。我每隔几周就去那儿一次，老师会给我布置新任务，并给我完成好的任务打分。除了这每月两次的会面，辛迪再也不用早晨送我去学校了。但大多数日子里，她还是会出门，办点事儿，忙忙舞蹈中心的事情，准备我的下一个表演。

所以，我醒来后会给我和沃菲做早餐。然后，我会帮他穿好衣服，给米沙套上狗绳，我们一起送沃菲去街角的日托中心。接着，我会回家，做我的三角函数作业或英语作业，接沃菲回家，给他做午饭，等辛迪下午回家带我去舞蹈中心。

以前，家里就是我来帮助照顾弟弟妹妹，我对这种大人的活并不陌生。但回过头来看，辛迪把这么重要的任务交给我，实在是很疯狂。不过，我不觉得她想利用我。这就是辛迪，随性而为，从不屈服于条条框框。而沉稳安静的帕特里克疯狂地爱上了他的妻子，让她掌控大局。

辛迪是个完美主义者，她会在演出前让我在停车场练习原地旋转，练上好几个小时。她为了找钥匙能把家里翻个底朝天，最后终于发现钥匙插在车上。辛迪会为了找一件庸俗的艺术品而冲进跳蚤市场，让只有十三岁的我在家照顾沃菲。晚上，常常是全家坐下来吃帕特里克准备好的晚饭，而辛迪戴上手镯，踏上靴子去俱乐部玩。直到第二天早晨，我们才能见到她。

辛迪执着于自己的容貌，她不断地把自己棕色头发染成红棕色，以惊人的速度逛街。我和沃菲经常得在购物中心的试衣间门口等好几个小时。辛迪试穿一套又一套衣服，我们就在一旁读书，或者玩“I Spy”的游戏。

“这件会不会显胖?”她会一次又一次地问。

“嗯，不会。”我尽职尽责地回应。她骨瘦如柴，得多穿好几件衣服才会显胖。

其实，我觉得大家一起，在琳琅满目的货架前流连忘返是件很有趣的事。最棒的是辛迪购物也有我的份。她喜欢打扮我，让我穿带蕾丝边的连衣裙、色彩柔美的短裙和精致的罩衫。

我觉得自己是灰姑娘。但是，当妈妈看到我的头发、我的衣服，以及我的新生活时，她不喜欢。

* * * * * *

妈妈每晚来辛迪家看我，关心我白天的生活，告诉我家里兄弟姐妹的情况。在周末的时候，我会回到汽车旅馆去看她。

那时，我们这群孩子大多不在家。平日，卡梅隆和他爸布莱恩一起住；林赛常跟她父亲哈罗德在一块儿，埃里卡依然常常借宿朋友家。现在甚至道格和克里斯也常和篮球队或棒球队的哥们儿混在一块儿。但到了周末，我们都会团聚，很高兴能见到对方。道格会谈起针对黑人的最新暴行，林赛会讲笑话，我会把卡梅隆扭成我在芭蕾课上学到的姿势。玩笑声和欢笑声盖住了附近公路上来往车流的声音。

现在，我有这么多能教大家的东西。

辛迪觉得，这些年妈妈同时照顾好几个孩子，我肯定在礼仪上疏于学习，她想给我补补课。

“你将来会和有头有脸的人物打交道，”辛迪告诉我，“你得知道什么叫举止得当。”

于是，她教会我，叉子放左边，刀放右边，一个勺是喝汤的，另一个是吃甜点的。

辛迪还会关心我的饮食和健康。在我和她一起住之前，妈妈买得起啥我就吃啥，我常常用学校或汽车旅馆自动售货机里买的垃圾食品来填肚子。我喜欢吃辣味奇多、微波炉加热过的玉米片，还要蘸上瓶子里挤出的奶酪和辣酱。

但辛迪说，我必须吃得更好，才能为跳舞增加体重，储蓄力量。每天晚上，我们都吃新鲜蔬菜。和她一起，我第一次尝到了虾的滋味，咬了一口我就完全停不下来。每次我们出去下馆子，我都会点奶油虾和秀兰·邓波儿无酒精鸡尾酒。

所以，现在我去看望妈妈，晚上总会主动点餐。

“呃，”我说道，妈妈正把罐装四季豆倒入锅中，放在炉子上加热，“罐头蔬菜不新鲜。冰箱里有西兰花或胡萝卜吗？”

我会喝白水，而不是妈妈买回来的橘子汽水。我会在柯普兰一家入座前摆好餐具，把餐巾对折，给不成套的杯子倒上水。

但妈妈并不领情，也不喜欢她在我身上看到的变化。事实上，这些变化让她大发雷霆。她觉得我瞧不起她养育我、照顾我兄弟姐妹的方式。她觉得，现在我自认为高他们一等。

“你怎么不梳头?”一个周五，辛迪送我过来，我走进旅馆房间，妈妈突然问。

“我梳了，”我回答，“我只是没拉直。我喜欢这样。”

妈妈，皱眉，咂着嘴。

她还注意到我的新衣服。

“你又不是供她打扮的洋娃娃，”她说，那时，我刚拿出一件我打算在回辛迪家那天穿的花毛衣，“你又不是她的女儿。我可以带你去逛街。”

我心想：“你有钱吗?”不过，我没说出口。

过了一阵，我不常回家了。先是隔一周回一次，后来是隔两周回一次。为了给我和她的舞蹈工作室增加曝光率，辛迪安排了很多演出，通常都是高规格的演出。有一次，在洛杉矶道奇队比赛中场休息时，我表演了芭蕾独舞，立着足尖跳的。我戴着一顶棒球帽，穿了一身带有道奇队标志的白色紧身衣，还拿了一根球棒做道具。

还有一次，我和同学一起在特奥会上表演。每年，我们都会在“圣佩德罗美食汇”上表演。那可是人气爆棚的盛宴，本地餐馆在大街上设立展位，给路人提供菜品试吃。

我们最重要的表演主场在圣佩德罗高中的礼堂。但是，不管在哪儿表演，我们的节目通常都在周六或周日。而我不在表演的时候，通常也在排练或上舞蹈班，没有时间回家。

这时候，妈妈真的变得很生气。她觉得自己马上要完全失去我。

妈妈常常打电话到布拉德利家，不是找我，而是找辛迪。辛迪在卧室接电话，我听不到她们说什么。结束十到二十分钟的通话，她又会回到我们其他人聚集的地方，这时，她的嘴肯定绷得紧紧的。她从来不说妈妈说了什么——但我能猜得到。

我能想象妈妈的感受。她可能担心人们不明白女儿搬出去是为了追求自己的舞蹈梦想，而认定她不是个好妈妈。

我们的关系比这复杂得多了。妈妈可能很羡慕辛迪，因为辛迪占有更多的资源，有支持她的丈夫，有舒适的家，而她认为辛迪即将偷走自己的女儿。

我觉得辛迪根本没这个打算。但与她和帕特里克一起生活真的改变了我。在我搬去与布莱德利一家一起住之前，我是一个喜欢玩芭比娃娃的十三岁女孩。我习惯躲在虚构的世界里，在妈妈的卧室里练习编排的舞蹈动作。但是，我搬出了旅馆时，把娃娃留在那里。我长大了。

直到今天，我对辛迪和帕特里克依然没有一点负面情绪。他们是我生命中的正能量，鼓励我成为一个完整的人。搬去和他们住了两年后，我不得不离开，这是我生命中最痛苦的离别，比离开哈罗德更悲痛，比逃离布莱恩更可怕。这是我生命中所经历过的最大的困难。

我不明白。我不懂为什么我要被迫离开深爱我的人，他们让我沉浸在芭蕾的世界里，让我接触到艺术、礼仪，让我品尝到生活该有的滋味。

我从新生活再次回到旧生活，回到汽车旅馆。我憎恨带我回到这里的妈妈。

*　*　*　*　*　*

进入辛迪学校的第一年，辛迪在圣佩德罗高中排演了《胡桃夹子》。我跳克拉拉的角色，这个小女孩关于糖梅仙子和魔法玩偶的美丽梦境让几代观众如痴如醉。妈妈和我所有的兄弟姐妹都来了，还有很多朋友，大家都坐在观众席上。这是个美好的夜晚。

在我十四岁那年，这个经典故事的一次改编让我走进大家的视线，人们开始关注我，我甚至变得小有名气，之前完全没想到。

这就是《巧克力胡桃夹子》。

辛迪总是希望把我和黑人舞蹈联系在一起。有一次，她发现我有机会参与当地非裔美国人的慈善活动。爵士萨克斯手演奏时，我立着足尖表演了一段独舞。伟大的女演员安吉拉·巴塞特（Angela Basset）也来了，她迷人的双眼炯炯有神。我在彩排中遇到了她。我激动得都没法看她。

我猜，辛迪觉得通过《巧克力胡桃夹子》，我不仅能展现自己掌握的古典芭蕾舞剧目，还能接触非洲舞蹈，认识杰出的非裔美国人。

《巧克力胡桃夹子》由女演员兼编舞黛比·艾伦（Debbie Allen ）制作，比克拉拉的经典故事更加曲折，故事中的玩具兵活过来了。原故事里，克拉拉和变成王子的胡桃夹子一起统治了糖果王国。新故事里，克拉拉环游了世界。胡桃夹子和他的士兵与滑行的蛇战斗，而不是穷兵黩武的小老鼠。

我在洛杉矶的演出获得了广泛关注。当时，我作为主角登上了好几篇新闻报道，他们说我是一颗冉冉升起的黑人芭蕾舞新星，是个天才。我相信黛比·艾伦肯定读了这些报道，她联系了辛迪，问我有没有兴趣扮演克拉拉。

黛比热情友善，言简意赅。一开始，她让我和她的编舞单独合作，确认我具备担当芭蕾领舞所需的种种素质。我成功通过了这一环节的考验，最后他们不得不改变舞步，增加我的挑战性。我至今保留着连续排练数小时的影像资料。

舞剧中，克拉拉游览了许多国家，例如埃及，因此演出准备的一部分就是和黛比一起学习各种民族舞蹈。辛迪开车送我去黛比位于洛杉矶圣罗萨利亚大道的工作室。这里与我熟知的世界完全不同。漂亮的黑人男孩和女孩在这里学习非洲舞和巴西舞。现场鼓手打着拍子，而我，穿着足尖鞋，立在这一切中间。

我们在加州大学洛杉矶分校的罗伊斯大厅表演。我和黛比同台演出，她扮演克拉拉的姑妈，我和她还有对手戏。我可以这一分钟跳非洲舞蹈，下一分钟立足尖跳芭蕾，这些我都能轻松完成。但拿着麦克风和黛比·艾伦对戏？太可怕了。

扮演克拉拉的感觉太棒了。我再一次体会到了内心的澎湃，像在波恩特费曼小学才艺展示时一样，像在圣佩德罗公园参加辛迪的演出时一样。每次我站在台上，面对人群，都是这样。

我记得观众起立为我鼓掌。妈妈来了，坐得靠近前排，给了我最大的支持。她站起来呐喊喝彩拍手，仿佛这是她见过的最伟大的表演。在美国芭蕾舞剧院演出的大都会歌剧院，你可能感受不到这些。但这些欢呼和掌声充满爱意和真诚，让我想再体验一次。

几年后，黛比·艾伦告诉洛杉矶时报杂志说我是“一个用灵魂跳舞的孩子……我无法想象她从事跳舞以外的职业”。

演出结束后，我就火了。

后来《每日微风报》、圣佩德罗当地的报纸以及其他新闻媒体上又有了很多关于我天赋的报道。人们给辛迪的舞蹈工作室打电话，打听这个名声赫赫的小女孩下次演出是在何时何地。

我在学校的身份地位也发生了变化。以前，我一直是道格、埃里卡和克里斯的那个不小心成了操典队队长的妹妹，现在我是芭蕾舞演员。

我很害羞，汹涌而至的关注让我一时招架不住，最初觉得很不自在。但这种注目在某种程度上更容易接受，因为它与我的新欢芭蕾联系在一起。这感觉就像我明明走下了舞台，观众依然如影随形。

我跳了一年多芭蕾后，决定退出操典队。我想把握每个小时，把每一分精力和创造力都献给芭蕾。

《巧克力胡桃夹子》后，辛迪认为是时候让我尝试我梦寐以求的角色了。圣佩德罗舞蹈中心将上演《堂吉诃德》，而我将扮演琪蒂。

我积累了很多演出经验，辛迪也表示，我现在该参加比赛，通过与其他有经验的芭蕾舞演员竞争，为我的天赋赢得更广泛的认可。

我参加的第一场比赛就是最困难和最负盛名的比赛之一，音乐中心聚光灯奖。这项比赛每年举行，已有二十多年历史，为在艺术领域表现突出的青少年提供数万美元的奖学金。奖项设置涵盖多个领域，包括芭蕾舞、现代舞、爵士和古典音乐表演。评委们是这些领域的顶级大师。以往的胜者最后都登上了大都会歌剧院的舞台与阿尔文·艾利（Alvin Ailey）一起表演，还有很多其他重要的文化机构。

当时我正为在舞蹈中心出品的《堂吉诃德》中扮演琪蒂做准备，我们一致认为在聚光灯奖的舞台上，我应该改编这支舞。

这是个艰巨的选择，舞蹈场景复杂，动作难度大，大多数舞者绝不敢在仅仅训练两年后进行尝试。而他们也绝不会在这样一个大舞台，当着这么多芭蕾世界巨头的面，用这个舞亮相。

我备赛的过程完全暴露在电视台的聚光灯下。当地电视台KCET有一档名为《优胜劣汰》的节目，正以参加聚光灯奖的青少年为主角制作专题节目。他们从报道里知道了我，后来节目制片人得知我也参赛就决定选我成为少数被跟拍的对象之一。

我是他们唯一跟拍的舞蹈演员。摄制组无处不在，试镜时、彩排时，他们都在拍摄，甚至还进入了我和布拉德利一家的屋子，拍摄我们准备晚餐、聊天。

聚光灯奖备赛期间，我每个星期训练六天，连续练了一个月。我要跳的那段是琪蒂的压轴舞，中间包含十几个旋转，每四个为一组。

可以说，跳舞时，我从不紧张，不管是彩排，还是正式演出，我都如入无人之境。

芭蕾工作室的墙壁上有镜子。借着镜子，能根据老师的建议纠正自己的动作，调整身体姿态，拉伸腿部线条。但直到今天，虽然学新动作时，我有时会注意镜子里的情况，但大多时候我都当镜子不存在。我的视觉记忆、身体的直觉更有用。

我觉得，跳舞时，我从来不需要镜子，我超越乏味，直接接触舞蹈的喜悦。

站上舞台时，你就得这样。许多舞者具备演员的身体素质，具备表演的种种能力，但他们一站上舞台，却缺了那股劲，缺了闪光点，而正是这种闪光点让观众久久难以忘却。对我来说，即使是在课堂上，也是表演时间。

十七岁那年，我去纽约参加美国芭蕾舞剧院的暑期课程，其中一位老师就是卢佩·西拉诺（Lupe Sirano），我现在依然很爱她。年轻时，她曾担任芭蕾舞团首席女演员，现在是芭蕾舞指导。

我练习了好几个组合后，她向我走来，不满地压着额头。

“你为什么在把杆上花这么多时间?”她语带怒气地问，“这不是表演!”

“哦，”我说，既惊讶又有点尴尬，“对不起。”

在芭蕾里，每个舞步都包含了无数小动作。头一定要在正确的位置，身体要挺直，脚也不能放松。每个动作都要求一切都恰到好处。但对我来说，芭蕾远远不止是技术技巧。是乐趣。

不是表演? 这当然是。一直都是。

* * * * * *

但是，十五岁时，就在聚光灯奖赛前的最后几天，我开始出错。我没办法完成那一连串旋转。比赛当天早上，我体会到了一种在正式表演之前我从来没有经历过的感觉：紧张。

在舞蹈领域，这是个全新的感受，我甚至不清楚它到底是什么。我想这次的不同在于，在芭蕾上，我从没这么感受过这么大的压力。赢得比赛就能得到数千美元，而整个城市都在看我。

在最后的练习中，辛迪开始有些担心。演出当天早上，在多萝西钱德勒馆带妆彩排期间，她似乎几近疯狂。

我做不了三十二连转了。这是个经典炫技动作，也是芭蕾舞首席的基本动作。做这个动作时，你应该不停地转啊转啊转，转足整整三十二圈，但我做不了。我可能只是筋疲力尽了，但看到辛迪的反应，看到她眼神中的紧张和担忧恐惧的脸，我感到恐慌。

“这个比赛你必须得赢，”她紧张地说，“这是个千载难逢的好机会。杰拉德·阿尔皮诺（Gerald Arpino）会在下面。”

杰拉德·阿尔皮诺是世界顶级舞团之一，乔弗里芭蕾舞团的导演和创始人。

我们还有十五分钟的练习时间，之后我们就要离开舞台让下一位选手彩排。

辛迪突然有了一个主意。

她赶紧带我下到她停车的地下车库。她打开所有的车门当作临时屏幕，把磁带塞进汽车播放器里。

就在这儿，她帮我重新编舞。

用十六圈代替三十二圈，然后我会做弧形戳步，一组圆形连接步来结束音乐。

这是后备方案，我满心感激地接受。我穿着运动鞋，而不是足尖鞋学习并排练了新的动作。

这教会我一些东西。在舞台上，我总是希望表现得干净利落，坚强，从不失控。这就是专业演员的含意。但在那一天，在聚光灯奖上，我学会了始终准备一个后备方案，保证可以展现出具有冲击力的完整表演。即使你的身体没在状态，你的表演永远不会失控。

有些舞者不同意这种想法，他们认为一旦有了退路就无法全力以赴。但我认为，给观众呈现你最好的状态是非常重要的，如果原来的编排不能达到这一要求，就该换一个能实现的替代方案。

终于到了展示时间。我走上台，穿着辛迪专门为比赛做的镶金边的红色蓬蓬裙。

妈妈、林赛、辛迪，还有巴比，他们都来了。剧场一片漆黑，只有白色的聚光灯闪闪发亮。我冷静地祝贺自己前面的表演者顺利完成演出，心中非常坚定。

我跳的是备选的那一套动作，表演堪称完美。足尖翻飞，在舞台上捻转，我挥舞着宝石红的扇子。那是我开跳之前扔上舞台的。我跳得很开心，很自在。

然后，它结束了。我松了一口气，心中满是喜悦。

“我完成了所有的连转！”我对后台的节目制作人说道，“我太激动了。”

从那开始，一切都像是在梦中。我赢得了最高奖，5000美金，为芭蕾。今天，那个奖杯还放在我的家里。

等其他获奖者公布后，大家都聚集在后台。

场面一片混乱。

杰拉德·阿尔皮诺跑过来。他抓住我，不让我走。

“你是我的宝，你是我的宝！”他说着，抱着我不放，“你必须要来跟我一起跳舞！你必须要来乔弗里！”

闪光灯唰唰唰地响，KCET的摄制组也在场。《优胜劣汰》播出的那一周，阿尔皮诺先生拥抱我的照片出现在本地电视指南的封面以及几家报纸上。这可是件大事，杰拉德·阿尔皮诺拥抱了我，他想要我。

我看到了新的世界，超越了我以前想象过的所有。

* * * * * *

赢得比赛后，我信心大涨，开始去试镜由最负盛名的芭蕾舞团提供的暑期课程。

辛迪觉得我应该尽可能多地参加试演，既能让自己获得与精英舞者同台竞技的经验，又能让希望我加入的公司一睹我的风采。

聚光灯奖后，我收到了乔弗里和美国芭蕾舞剧院的邀请，当时美国芭蕾舞剧院的导演也是评委。但我还是得参加两个学院的试演，以确定我的奖学金额度。

我另外还面试了哈莱姆舞蹈剧院、西北太平洋芭蕾舞团和旧金山芭蕾舞团的暑期课程。

在芭蕾世界的主观分级中，美国芭蕾舞剧院是至高无上的，它被称为美国国家舞团。你只有在海外才能找到能与之匹敌的舞团，比如巴黎歌剧院、英国皇家芭蕾舞团、莫斯科大剧院芭蕾舞团、基洛夫芭蕾舞团、斯卡拉芭蕾舞剧团、英国国家芭蕾剧院、丹麦皇家芭蕾舞团，还有斯图加特芭蕾舞剧团。

在北美，纽约城市芭蕾舞团紧跟美国芭蕾舞剧院的脚步，但它又有一点特立独行。因为它的舞团主要演出其创始人巴兰钦创作的独特作品，而不是传统的经典剧目。接下来是旧金山芭蕾舞团，其次是加拿大国家芭蕾舞团、波士顿芭蕾舞团、西北太平洋芭蕾舞团、乔弗里芭蕾舞团、迈阿密芭蕾舞团和休斯敦芭蕾舞团。

我拿到了试演过的所有芭蕾舞团的邀请，除了一个：纽约城市芭蕾舞团。每一个公司都给了我奖学金。而纽约城市芭蕾舞团甚至拒绝我参加。

收到拒绝信后，辛迪的分析非常犀利。他们不要我，就是因为我是黑人。

她让我谨记这一条，而我也尽职尽责地把它藏在一个相册里。

但其他舞团是真心想要我，旧金山芭蕾舞团也许是其中最迫切的。

导演给辛迪打电话，告诉她他们高兴我能去。他们甚至提供了最优厚的待遇，不仅学费全免，连食宿和我飞到西海岸的机票都包了。

我也很喜欢这个学校，因为与其他学校相比，它离家更近。这将是我第一次离家这么远。

所以，我选择了他们。

几个星期后，我飞去了旧金山。

# 第五章

# 旧金山芭蕾舞团

恰到好处的条件区分了谁是能在水彩画中表现光影细微差别的艺术家，而谁又是只能画数字油画的人。

旧金山的夏天喜忧参半。

我于6月抵达洛杉矶。那时，天气还很冷，我必须买厚实的写着城市名字的灰色运动衫才能扛过去。我感觉额头上顶着“观光客”的荧光标记。不过，我不在乎。穿老学究款的衣服也比冻死强。薄纱般的浓雾笼罩着整个海湾，湿气让我的脸总是润润的。夜里，薄雾悄悄包裹了整座城市；清晨，它又在阳光中退去。

那时我才十五岁，面对未来背井离乡的生活，内心充满恐惧。前一年，我曾独自搭乘飞机到南达科他州，在舞剧《胡桃夹子》中扮演一个优秀的舞者。但是，那不过是一个漫长的周末。而这次，我将在旧金山待整整六个星期。

辛迪的朋友凯特陪着我飞了一个小时，抵达海岸。她把我扔在旧金山芭蕾舞团暑期集训生位于旧金山大学的宿舍后，立马又回到洛杉矶。

我拖着我灰色的行李箱，发现宿舍门上有一个手写的标志。

“我是伽椰子（Kayako），”标志上写道，“我比较安静，还有点害羞，等熟了就不会这样啦!”

我不由得松了一口气。我们都一样。

这个夏天，伽椰子是我的室友。我们俩在很多方面非常相似。她是日本人和黑人混血，在华盛顿的莱克伍德，西雅图附近的一个小镇长大。我觉得他们是有意安排我们住在一起的，毕竟，跳芭蕾的黑人女孩太少见了。但不管我们的相遇是人为的制造还是命运的安排，我都感到庆幸。她后来成了我最亲密的朋友之一。

伽椰子比我高很多，肤色更浅，她的皮肤比起可可更像奶油。她还有一头狂野浓密的乌黑鬈发。

第二天在宿舍食堂吃早饭的时候，我们遇到了杰西卡，她后来成了我们的闺蜜。她是亚裔美国人，个子比我高了大概三十厘米。虽然她看着比我们大几岁，却傻里傻气的，自带幽默感。我俩常常靠在一起，一边嚼着口香糖，一边聊老掉牙的笑话。后来我与她越来越亲近，甚至超过了伽椰子。

我们三个常一起出去玩儿。我们不在芭蕾工作室，就一定在旧金山瞎逛。我们去过39号码头的拱廊购物街，玩投篮游戏赢毛绒玩具，啃着伊兹伊兹—— 一种夹着燕麦饼干的香草冰激凌。

我们搭公交去大美洲游乐园坐过山车，那个过山车的名字好像是大火球。我们一起去看电影，看过《我仍然知道你去年夏天干了什么》，一起在卡培娇舞蹈用品商店仔细挑选紧身衣和连衣裤，也一起流连于联合广场的橱窗，目不转睛地看着那些我们永远买不起的华服。

虽然我们三个人很亲密，但伽椰子似乎比杰西卡和我更加成熟。她立刻谈起了恋爱，男孩是个白人，也是暑期集训营的学生。她不像我，面对这种幼稚的夏日浪漫，我依然浑身不自在。记得当时我常常离开房间，让他们两人独处。我通常晃荡到杰西卡的房间，或者去楼下的公共区域看电视。

虽然空余时间，我们几乎天天粘在一起。但在白天，我很少见到杰西卡和伽椰子。我和她们没有一节课一起上。除去特训，我还被放到了暑期集训营的最高级班，和最顶尖的学生一起上课。学校的副校长萝拉·德·阿维拉（Lola De Avila）坚持这样安排。

在任何芭蕾舞训练中，新生都必须参加摸底课程，才能确认自己被分在什么班。快速为几十名学生定位是一项艰巨的任务。

老师们关注的第一件事是你的身体条件和动作质量。我的腿又长又细，向后弯曲，加上我的大脚，完全就是芭蕾舞演员的理想身材。我的动作流畅、大胆、自然。老师们自然没有漏看我的优势，那年夏天——和第二年夏天，都认为我应该和最有经验的学生在同一个班。她们没有足够的时间来仔细评估我的长处和短处，但他们明白，我自己也清楚，我可以精确传达动作。

对渴望加入美国芭蕾舞剧院、乔弗里芭蕾舞团，或美国任何著名芭蕾舞团的年轻舞者而言，暑期集训营是一个关键阶段。在集训末期，舞团通常会挑出表现最好的一批学生，邀请他们参加下一学年的学习，希望他们未来能加入舞团。

我猜想，在我上第一堂课前，萝拉·德·阿维拉和旧金山芭蕾舞团的董事就已经打定主意，要邀请我参加一整学年的学习。这也可以解释他们为何如此慷慨，奖学金不仅免除了我的学费、住宿费和置装费，还承担了我往返旧金山的机票。在这个学校，有一个位置正等着我。

我“神童”的名声已经先一步传开。但是，抛开我的天赋，现实是，我在芭蕾知识上存在巨大的漏洞。我起步很晚，经验不足，有许多术语、舞步、作品是我从来没听说过的。

显然，从走进教室的第一天起，我就有很多需要学习的。其他学生，其中大多数是白人，还有部分来自亚洲、俄罗斯、西班牙，以及全美大大小小的城镇。他们一生都在跳舞，优势明显。

我们在课上学习了双人舞和串联，即从知名的芭蕾舞剧中选一段独舞，学习某种特定的演绎。这些串联其他的舞者可能早就表演过很多次，而这之中的大多数我一次都没跳过。

我们研究的第一部芭蕾舞剧是《睡美人》。当然，我听过这个经典童话。奥罗拉公主被邪恶的仙女诅咒，注定要在她十六岁生日那天刺破手指而死。丁香仙女用自己的咒语打破了这个诅咒，确保奥罗拉公主不会死去而只是陷入沉睡，并会被王子深情的一吻唤醒。

但我不知道柴可夫斯基的芭蕾演绎，慢板节奏缓慢，大跳跃起，气势磅礴。我从没看过这场芭蕾，对剧中的编排完全陌生。

那年夏天，我很快发现自己缺乏后劲。我不习惯立脚尖，不习惯每天穿着足尖鞋跳好几个小时，全身僵硬得发痛。下午晚些时候，所有的课程都结束了，我的双脚又红又肿。我蹒跚地回到宿舍，几乎不能走路，更不用说再做一次蹲。杰西卡会到我们的房间来找我和伽椰子，我们把垃圾桶装满冰和水，然后，把疲惫的双脚浸入冰水中。

但是老师们鼓励我，逼迫我，熏陶我，萝拉·德·阿维拉尤甚。

圣佩德罗聚集了大量拉丁裔，我很多朋友和同学的父母或祖父都是从墨西哥或中美洲移民到加州的。但是，我从没见过西班牙人。萝拉以前在西班牙萨拉戈萨训练，我以为她会长得像我老家的邻居，有着棕色皮肤和乌黑头发。但她不是。

萝拉的肤色非常苍白，鹰钩鼻，褐色的蓬松短发。她身材娇小，讲话带着优美轻快的口音。

最初教她跳舞的是她的妈妈，玛丽亚·阿维拉（Maria de Avila）。她后来出演了《仙女》《吉赛尔》《雷蒙达》等剧目，与鲁道夫·纽瑞耶夫合作，在西班牙国家芭蕾舞团任教，同时，她还是萨拉戈萨芭蕾舞团的联合创始人。

在我收到并接受旧金山芭蕾舞团提供的奖学金后，萝拉打电话来找我和辛迪。她说，我能来，她和各位系主任都感到很高兴，还告诉我抵达后该抱有怎样的憧憬。这些细节，放在其他大部分学校一定只是一封“新生须知”。像这样副主任亲自打电话，亲自传达信息的情况真的是很罕见，让我受宠若惊，又欣喜若狂。

萝拉一整个夏天都是这样，不断地拥抱我，抓紧我，引导我。她是个很好的老师，接受我的现状，知道我懂什么，不懂什么，花时间来仔细解释，给时间让我慢慢吸收。

* * * * * *

小快板由一连串的小跳和快步组成。它与大快板不同，大快板主要由大跳组成，你必须跳得很高，双腿完全伸直。小快板有很多种形式，从基本步到复杂的组合都有。然而，不管动作简单还是复杂，我都有很多东西需要学习，很多舞步都是第一次见到。

在班上，我通过不断观察和模仿其他更有经验的同学来学习，虽然对自己正在做的动作一知半解，但却能近乎完美地模仿。可是，在学习小快板的班上，我完全迷失了方向。最后，我只能溜到一边，独自站着，因为我完全跟不上。第一次，我模仿失败了。

就在这时，萝拉走过来，轻轻抓住我的手，把我带到教室前面。

我们站在一起。

“这个动作是移位的打脚小跳，”她低声在我耳边说，这个动作要求你在跳起时，一条腿在另一条腿前快速摆动。她把小快板分成了许多小节，方便我学习掌握。

“这个是扭胯跳跃。”她说，这个动作要求一只脚在另一只前方，双脚起跳，单脚落地。

我很害羞，一直觉得站在教室前排是件很尴尬的事，没有机会提前练习，对要学的东西一头雾水。但是，那个在男孩女孩俱乐部被辛迪拉在全班面前展示柔韧性的天真少女已经远去了。萝拉在耳边低声说，原地直腿跳、等距分腿、跳，这让我很兴奋，就像我正在破解一个即将带给我无限宝藏的密码。我听着，看着，学着，回应着。

集训开始两周后，我开始在萝拉的办公室上小课。公司要发出正式邀请还为时尚早，但我觉得她想让我体会一下如果留下来学习的话，那一年会是什么样。这是所真正的学校，年轻的舞者们在这里上课，学习英语、历史、科学、数学，但芭蕾才是我们的主修课。我们将会在学习公式和比喻的同时练习连转与立脚尖。

萝拉不是唯一一个对我特别感兴趣的老师。教搭档关系的那个老师，他的名字我忘了，总是让我给全班做示范，就像查尔斯那样，在其他舞者面前表演托举、扭转和旋转。

“你看，”他用男中音说道，一只手把我托举起来，我的身体像一个箭头，“经典线条看起来就像这样。延伸！平衡！”

在芭蕾的世界里，外貌至关重要。虽然这听起来有些肤浅，甚至轻佻。但对于视觉艺术，尤其是芭蕾这种以优雅和柔软著称的艺术，外貌是绝对重要的。

你可能拥有芭蕾所需的一切身体条件，有能力精确地完成每一个舞步，但如果你的头与身体不成比例，或者双眼靠得太近，这些都有可能让你与顶尖芭蕾舞团失之交臂。群舞演员表演《海盗》的花园场景时，那些在舞蹈工作室里看起来无足轻重的小事，在舞台上都会变得无比刺眼。

要成为一个伟大的芭蕾舞演员需要具备很多条件：天赋、力量、编舞学习能力，及表演时令人眼前一亮的能力。恰到好处的条件区分了谁是能在水彩画中表现光影细微差别的艺术家，而谁又是只能画数字油画的人。我认为大多数人都没意识到这一点。

我头很小，脖子很长，双脚像小船，身躯娇小——从传统标准来看，我算不上完美。但在某些阶段，在《吉赛尔》的虚构村庄里，或《雷蒙达》的省级法院中，我也算得上理想。

该来的总会来，而且来得比我想象的快。人们说我该减肥了，说我胸太大了，说我皮肤太黑了。

但辛迪总是提醒我，巴兰钦那本讲芭蕾舞演员的故事书就是在说我。她总说我是完美的。在进入青春期前的那些金色夏天里，在芭蕾世界的眼里，我的确是。

* * * * * *

虽然萝拉特别关照我，但班里的其他女孩似乎并不介意。我只是个初学者，而其他人无论在理论知识上，还是应用实践上，都甩我好几条街，我觉得他们压根没把我放在眼里。

暑期集训营里大约有二百名学生，其中大约有八十名男生。很多人喜欢成群结队地出去玩，一起吃早餐、午餐和晚餐。有时，我们会吵吵闹闹地结伴穿梭在旧金山的街道里，尽情陶醉在来之不易的自由里，远离家乡，远离芭蕾。

但也有一些女孩紧紧抱团，与其他人保持着距离。她们并非恶意，只是喜欢缩在自己的小世界里。从前在圣佩德罗的时候，我从来都算不上受欢迎的孩子，芭蕾的世界里不乏受欢迎的女孩，她们有自己的小团体，个个光彩照人，又爱聊八卦。

她们似乎比我和我的朋友们更加成熟。她们谈论男生，谈论参加过的种种夏日派对，而这些话题，我一句嘴都插不上。她们在周末参加聚会，玩通宵，让年长的男孩给她们买啤酒和果酒。与此同时，我和我的朋友们会点披萨，聊愚蠢的笑话，在十一点前上床睡觉。

但是，对我们所有的人来说，艾拉妮丝·莫莉塞特（Alanis Morrisette）的专辑《小碎丸》就是夏天的背景乐。

> 而且是不是很讽刺……你不觉得吗?
> 有点太讽刺……而且，是啊，我真的这么认为……
> 这就像你婚礼当天下了大雨，
> 像已付费的免费午餐，
> 像你拒绝的好建议，
> 你没想到的，它都知道。

我跟妈妈还有辛迪一周通话几次，跟她们聊我的新朋友，我新学的东西。在国庆节[①]那个周末，妈妈来了，还带来了我的兄弟姐妹。

---

① 译者注：美国国庆节为7月4日。

不知道为什么，布莱恩也来了，尽管他们分开很久了，而且关系一直很紧张。回想起来，我觉得是因为卡梅隆要出门旅行，而布莱恩想在旁边照顾他。此外，布莱恩和我一直相处得不错，至少表面上看起来不错。他们星期五开车出发，那个周末我们去了渔人码头和嬉皮区。卡梅隆那时只有八岁，时不时停下来和一位城里的老绅士下棋。他思维缜密，天资聪慧。

周日，在他们踏上六小时的回程前，我们去烤饼连锁店吃早餐。

“你知道吗，”妈妈说，声音中带着愤怒，“学校的主任很惊讶我竟然还活着。他们以为辛迪是你的唯一监护人。”

我点了点头，专注地吃我的炒鸡蛋。

妈妈一直絮絮叨叨。她说：“那天我看到了杰姬和她妈妈。”杰姬是我自初中起最好的朋友，自从我开始接受家庭教育，投身于舞蹈事业后，她和我就不常见面了。她又说：“他们知道你进了集训营以后特别兴奋。等你回来了，他们想听你仔细讲讲。”

妈妈喝了口橙汁。

“你知道，米斯蒂，大家都想你，”她说，“我想，等今年夏天结束了，我们考虑让你搬回来和我一起住。”

我点了点头。我点头不是因为我同意，而是因为我不想讨论这个问题。我迫切地在它展开之前就结束了谈话。

我咬了一口烤面包，味同嚼蜡。

接下来的三个星期过得非常快，比我想象的快多了，就这样，集训结束了。最后一天，我被叫到萝拉的办公室开会。

萝拉在里面，静静地站在摆满书和照片的木架前。她的旁边坐着海尔吉·托马森（Helgi Tomasson），当时旧金山芭蕾舞团的艺术总监。

萝拉首先开口。

“你知道吗，我们对你印象深刻，米斯蒂，”她轻声说，“我们认为你很有潜力，未来会成为伟大的舞蹈家，但你需要系统的训练来完善技艺。我们希望你能来我们学校学习一年。”

海尔吉静静地坐在她旁边。我只见过他几次，每次都是他到工作室来视察学生跳舞。他从来不会多停留一会儿，我从来没有听过他的声音，直到现在。“如果你坚持努力，”他说，“我相信有一天，你会成为我们舞团的一员。”

虽然这份邀请是意料之中的，但我还是感到不知所措，受宠若惊。我尽力维持镇定，挤出一句“谢谢你”，告诉他们我回家后会和妈妈、老师讨论这个问题。

我恍恍惚惚地走出办公室，为他们的信任感到振奋。回到工作室，我开始像往常一样做课前拉伸。这时候，她们的窃窃私语传入了我的耳朵。

所有的女孩都知道，我被叫到萝拉的办公室去了，她们都知道那意味着什么。整个集训营，只有另外两个女孩和几个男孩收到了类似的邀请。

一个女孩决定就大家窃窃私语的事情发表自己的看法。她讲话的声音不大，恰好所有的人都能听到，能听清楚。

“他们为什么留下她？”她问，“她缺乏足够的训练，明眼人都看得出来。”

我继续拉伸，但能感觉到热度渐渐爬上脸颊。我觉得尴尬，那种困扰我人生方方面面的自我怀疑再次袭来，我很少在舞蹈中有这种感觉。

“我真的够格吗？”我问自己，“这里有这么多经验丰富，实力强劲的女孩，为什么是我？”

我想逃跑，逃回我的宿舍里，锁好门，静静地跳舞直到不再难过，就像小时候在家里那样。但是一天才刚刚开始。我还有很多芭蕾课要上，要和这群在背后议论我的女孩并肩跳舞。我无处可逃。我不得不屏蔽了批评、疼痛，坚持自己的立场。

那天结束时，我们拍了班级集体照。我觉得不舒服，但还是找到了自己的位置，站在人群的中央，勇敢地微笑。

* * * * * *

更让我感到糟糕的是，据我所知，某些期待被留下来的女生早就把在旧金山芭蕾舞团做专业舞蹈演员作为了自己的目标。而我，在正式获得邀请前就知道我不可能接受学校的全年奖学金。我甚至不打算在下一个暑期继续参加旧金山芭蕾舞团的集训。

这一切都由不得我自己决定。妈妈几次提醒，她迫切希望我尽快返回南加州；辛迪希望我能接受旧金山芭蕾舞学校的邀请，但她多次在电话中强调，回家后要继续跟着她加强训练。她不相信我在这所大型芭蕾舞学校依然会受到同样的重视，也不相信如果我不花时间来打磨我舞蹈中的种种细节，我的技术将受到影响。

虽然我知道旧金山芭蕾舞团，即使不是全世界最好的，也是全国最好的芭蕾舞团之一，我也喜欢萝拉和其他老师给予我的关怀和温暖，我还是接受了辛迪和我母亲的决定。对我来说，最终目标一直都是美国芭蕾舞剧院。

旧金山的集训一开始，我和杰西卡就下定决心，明年我们要参加美国芭蕾舞剧院的集训。“在那儿见。”我们在告别留言中这么写着，潦草的字迹留在彼此的相册中。

美国芭蕾舞剧院一直是我的目标，从我第一次在辛迪和帕特里克家的电视上看到团里旋转的舞者时就开始了，从我看到帕洛玛·赫莱拉在洛杉矶钱德勒剧院上演《堂吉诃德》中的双人舞时就开始了。参加美国芭蕾舞剧院的夏季集训是进入这个专业团队的敲门砖。

在旧金山的最后一个夏夜，所有的女孩都聚集在我们专用的公共休息室。大家吃着披萨，最后一次一起听艾拉妮丝·莫莉塞特的歌。我们熬了一个通宵，杰西卡递给我一张字条，上面写着每当她看见棉花糖或者咬了一口里斯牌花生酱时，她就会想到我。

即将到来的离别让我很难过。第一次独立的经历让我觉得很好。我与很多女孩建立了联系，结识了新朋友。作为舞者，通过训练，我成长了很多，这些训练远远超过了我在圣佩德罗学到的。

我还意识到，妈妈和辛迪之间的矛盾一触即发。妈妈恳求我回家和她在一起，每过一周，她的心就更迫切一些。辛迪的态度也越来越坚决，她告诉我，我非常需要她的指导和照顾，需要为未来的职业生涯做好准备。

这就是我回家后要面对的局面。

第二天下午，我搭乘的飞机降落在洛杉矶国际机场，辛迪在那儿，等我。

我跳上她的车，回家路上，我让她一路播放我带的艾拉妮丝·莫莉塞特的 CD。

# 第六章

# 监护权之战

我想这就是我现在要做的：快速调整，高昂着头，依靠自己，独自前行。

周末，从辛迪家回到我妈妈那儿后，我就开始一次又一次地听到同一个词。

洗脑。

“米斯蒂，快来!”道格和克里斯异口同声地大喊，“爆米花都准备好了，比赛也开始了!”

我的兄弟们其实都知道，我对体育运动从来没什么兴趣。“谢了，我没兴趣，”我回答道，随手抓起一本《足尖》，“我去妈妈的房间看书了。”

“嗯，”道格笑着说道，给了克里斯一个“你看吧”的眼神，“你就不能稍微休息一下，不折腾你的芭蕾吗？那个女的都把你洗脑了。”

或者，克里斯做了一锅肉酱意面。他用的是碎牛肉。而我更喜欢火鸡肉。

埃里卡看着我，皱起了眉头。“你之前可从没抱怨过碎牛肉，”她说，显然有点生气，“那你喜不喜欢鱼子酱？辛迪简直让你生活在梦幻世界里。”

“不过，我猜在她家，你应该能想吃啥就吃啥吧，”埃里卡接着说，牙尖嘴利地准备最后一击，“毕竟，你给她那个小破学校带来了不小的关注，她是该对你好点。”

我对家里人的尖酸刻薄视而不见。嘲笑和戏弄向来是我家日常对话的重要组成部分。但渐渐地，我发现，平日里我住在辛迪家时，他们没少在背后谈论我。

我心里清楚，妈妈觉得我回家后就开始摆架子，不喜欢她买的饭菜，看不起汽车旅馆拥挤的房间。我猜，她肯定跟我的兄弟姐妹们说，辛迪试图让我觉得自己比他们高一等。

我的兄弟姐妹和我仍然非常亲密，非常护短。他们会跟朋友吹嘘我拿的奖学金、我表演的地方。他们一有机会就来看我演出，每个人，也许除了妈妈，都欢呼雀跃、兴致盎然。

但他们对辛迪的反感却与日俱增。他们不是嫉妒我有了新生活。我觉得他们只是害怕我被人利用，不希望我离开他们，独自与一个在他们看来既不尊重我们的母亲，也不尊重他们的女人一起生活，不再与家人在一起。

当然，我不同意他们的看法。我知道“洗脑”是什么意思，我跟辛迪和帕特里克的生活跟这个完全是两码事。不过，他们说的也没错，我的荣誉和新闻报道的确给辛迪的工作室和学校招来了铺天盖地的宣传。

辛迪爽快地承认我是她手里的明星。有时，舞蹈学校的一场演出能卖出多达两千张门票，观众中除了芭蕾舞迷，还有那些好奇我这个在男孩女孩俱乐部被发掘，紧接着在圣佩德罗工人阶级角落大放异彩的芭蕾神童。

但我仍然觉得，这一切是美好的结果，是无心插柳的收获，而不是目的。布拉德利一家帮助我发掘磨炼自己的天赋。他们没有把我当成学生或是投资项目，他们待我像女儿一样。我依然很害羞，但在他们的养育下，我现在知道我的意见也不容忽视。

我爱我的家人，我不曾错过混乱无常的日子，也不曾缺席日复一日的惶惶不安。我喜欢有自己的房间，哪怕是一间与小男孩共用的房间也好。我喜欢一回家就能闻到帕特里克做的桃子馅饼和柠檬派的气息。我珍惜这段不用担心下一顿吃什么，也不用考虑在哪里睡觉的日子。我享受生活里的唯一，就是做一个爱跳舞的女孩。

但是，我的兄弟姐妹不明白。他们都站在妈妈那一边。

* * * * * *

与离开时相比，从旧金山返回的我已经今非昔比了，经过系统教育和磨炼，我已经成长为完全不同的芭蕾舞演员。

这个夏天我学会了很多舞步，其中一个是扭胯跳跃。之前我从没有听说过，更别说尝试了。

在回到圣佩德罗舞蹈中心上的第一堂课上，我就完美地完成了这个舞步，一拍都没错。辛迪感到很惊讶。她给帕特里克打了电话，接着让我一遍一遍又一遍地做，展示我所掌握的内容。

我在地板上滑行，滑步流畅而连贯。我做了大的换脚跳，跳得比以前更高，双腿延伸得更长。我做了击腿跳，跳在半空中，双脚交错，仿佛鸟儿扇动翅膀，我感觉自己就像悬浮在天空中的仙女。辛迪兴高采烈。

我，也一样。但是，我开始觉得自己有些青出于蓝，刨去辛迪的无私奉献，她本人、她的工作室和教学，已经不能满足我了。

同时，我和妈妈之间的对话变得越来越不愉快。

“她这样做是不对的，”她在打电话时对我嚷道，“他们试图把你从我身边夺走。我是你妈！你有自己的家！你不需要他们。”

“他们不会把我夺走！”我大声回击，“他们只是在帮助我！”

似乎每次谈到刚从旧金山回来的那几个星期，我和妈妈都各自上演了一出芭蕾悲剧。妈妈总是嚷嚷布拉德利一家图谋不轨，而我大叫着为他们辩护，感到崩溃与愤怒。最后，我总会挂断电话，哭着跑回我的房间。

有个周末，我和妈妈都在汽车旅馆，那个我一直担心的时刻终究还是来了。

“你给我搬回来。”妈妈下了最后通牒。

这么做是有原因的，妈妈解释说。既然旧金山芭蕾舞团先为我提供了整个暑期集训的全额奖学金，接着给了我一年的学习机会，这就说明我根本不再需要辛迪的指导，我已经足够优秀，足够知名，完全可以凭一己之力去争取更大的机遇。此外，妈妈还补充说，这六周里我学到的东西可能比辛迪能教会我的要多得多。

我会回到圣佩德罗高中。妈妈已经给教育委员会打了电话，确保学校知道我会重新注册。

妈妈把一切都考虑好了。她甚至计划让我继续跳舞。操典队教练伊丽莎白·坎廷，已经成为她生命里重要的一部分，和她在我生命中的分量差不多。当初是坎廷鼓励我参加辛迪的芭蕾课，也是她在我去辛迪的工作室时，给我买了紧身衣和足尖鞋。由于妈妈和辛迪之间关系的持续恶化，妈妈开始给伊丽莎白打电话。渐渐地，她成了这两人之间的中间人，为两人传话，表达彼此的感受和关切，试图平息这场日渐汹涌的风波。

妈妈非常确定我会回来，她让伊丽莎白帮忙找了一所新的芭蕾舞学校，让我能在下午或周末上课。我将立即在劳瑞森舞蹈中心开始训练，那是洛杉矶一家小型舞蹈学校。

妈妈的如意算盘打得不错，但我不会任人摆布，即使她花时间给我另找了一所学校，让我继续跳舞；即使辛迪的确已经倾囊相授；即使我和辛迪的亲密关系已成为妈妈内心最深处的恐惧。她担心在失去了那么深爱的人之后，她又将以同样的方式失去自己的孩子。

我只知道，我不想离开辛迪。对我来说，辛迪和舞蹈有着千丝万缕的联系。而在我看来，没有她，我的职业生涯就结束了。

* * * * * *

星期天晚上，妈妈给辛迪打电话告知她自己的决定。第二天，我还是可以去工作室上舞蹈课，但她希望下课后辛迪把我送回家。如果不方便，妈妈现在有车了，她能开车来接我。

就这样，再见。

那天晚上，我头痛欲裂。我躺在沙发上，想起我与沃菲共用的房间。房间墙上挂着街头艺术家常画的那种夸张人物像。在通常情况下，你摆好姿势，他们动笔作画，然后给你一张跟你完全不像的人物画。辛迪曾给我和沃菲画过一幅。

“不知道辛迪愿不愿意让我带走这幅画。”我心想，泪水充满了眼眶。

我连睡衣都没换，就这么躺着睡着了。我知道自己再也无法回到这个房间，再也无法伴着沃菲轻柔而平稳的呼吸入睡。

第二天一早，辛迪开车到汽车旅馆接我。

车上，她看上去面色凝重。我突然觉得有点害怕。

“米斯蒂，你有没有听说过独立监护权？”辛迪问。

我知道这个词的字面意思是“解放”[1]。但，她到底想说什么？

“很多儿童演员都选择了独立监护权，”她解释说，“他们觉得能为自己的事业和生活做出更好的选择，于是从父母那里独立。”

我的心开始狂跳。有一丝光照了进来，但我不确定自己是不是希望它照亮世界。

“你别去上课了，”她轻声说，“我想让你见见我的朋友。”

我们把车开到舞蹈工作室附近的一间咖啡厅。那个人身穿休闲的Polo衫和牛仔裤，坐在桌边，正用玻璃杯子喝水。他面前有一叠纸。我们坐下来的时候，他笑了。

他叫史蒂芬·巴特尔（Steven Bartell），辛迪解释说，他是一名律师。史蒂芬开始耐心地给我解释一下究竟独立监护权是如何操作的。

鉴于我未满十八岁且家住加州，我需要向法院申请成为未成年独立监护人。法官有可能会立即批准，也有可能要经过听证会审议。一旦请求最终获得批准，我就可以自己决定我的舞蹈生涯，决定我的生活、我的一切，真正成为自己的主人。妈妈不能干预。辛迪也不能干预。一切都由我说了算。

他停顿了一下。

“米斯蒂，你想这么做吗？”他问，“辛迪觉得这对你有百利而无一害，但你才是掌握最终决定权的人。”

---

① 解放，原文为“emancipation”。

这么多年过去了，我仍然回忆不起那一刻的感受。虽然妈妈并不总是一个称职的母亲，但她始终是我妈妈。我爱她，我也知道她是爱我的。我不想伤害她。

但她真的知道什么对我来说是最好的选择吗？在通常情况下，是我们这群孩子在照顾她，照顾彼此，而不是反过来。

我不得不做出选择。

而在那一刻，第一次，我选择了我自己。我选择了芭蕾舞。这意味着，我与辛迪站在同一战线。

“是的，”我轻声说，“我想获得独立监护权。”

剩下的一切都仿佛一个模糊的噩梦。

我知道史蒂芬·巴特尔迅速收好面前桌子上的文件。“我们会联系你的母亲，”他说，“联系她时，你不要留在她周围。我可以肯定，一旦熬过了最初的震惊后，她很快会冷静下来。但在此期间，辛迪希望你和朋友待在一起。”

辛迪催促我上车，开车把我送到圣佩德罗舞蹈中心另一名学生家里，我几乎不认识她。女孩的母亲做了一些吃的，但我完全没有食欲。他们试图和我闲谈，但我心不在焉的。他们最终还是放弃了。我翻着杂志，在客厅里走来走去，凝视着窗外。

“他们会和妈妈说什么？”我心想，胃里翻江倒海，太阳穴突突直跳，“妈妈会怎么想？兄弟姐妹们会怎么想？”

同学的父亲下班回家后，我们坐下来默默地吃饭，然后洗碗。

有人打开了电视。

六点的新闻里铺天盖地都是我的消息。

“芭蕾舞天才少女米斯蒂·柯普兰失踪了。”主持人说。

他们展示了一张妈妈的照片，说“女孩的母亲，西尔维亚·德·拉·塞尔纳向当地警方报案。她认为，女儿的舞蹈教练，辛迪·布拉德利有嫌疑。”

“我一直联系不上她，”妈妈发疯似的在镜头前说，“她暂时住在舞蹈老师家里，但现在要搬回到家里，我敢肯定，辛迪·布拉德利肯定脱不了干系。”

我觉得我要吐了。

我在那家住了三天，担心我逃跑后会惹上麻烦。后来，一天早上，史蒂芬·巴特尔出现了。

“米斯蒂，”他说，“把自己的东西收拾好。”

他开车带我去了派出所。不久之后，妈妈来了。她紧紧地抓着我。

我和母亲一同走出派出所。我害怕，我要永远把芭蕾舞抛在身后了。妈妈坐上驾驶座，我爬进副驾驶座，痛哭流涕。我的世界末日即将降临。

* * * * * *

生活的列车不是转了一个圈，它加快了速度，向反方向驶去。

我回到了家人身边，回到了日落旅馆。

汽车旅馆的人行道依然布满污垢。共用的房间依然杂乱无章。晚上，我拖着毯子或睡袋，努力在客厅的地板上找一片空地，和兄弟姐妹们挤着睡觉。这就是妈妈逼着我回归的生活。几天前，我还住在漂亮的公寓里，浪涛拍岸的沙沙声伴我入睡。现在，高速公路上的鸣笛声让我从梦中惊醒。几天来，我连一个苹果，或是一个蔬菜罐头都没吃过。我觉得妈妈太自私，太残忍，她牺牲我的幸福和我的机遇，来抚慰自己受伤的骄傲。我心中只剩下愤怒和不满。

妈妈怎么能这样对我？

刚回家的那几天，我把自己锁在浴室里好几个小时，坐在浴缸边，静静地哭。我不想待在妈妈身边，也不想待在兄弟姐妹身边。我只想一个人待着。

但是，这是不可能的。虽然我回了家，独立监护权之争却刚刚才开始。

妈妈把布拉德利一家告上了法庭，还聘请知名律师格洛丽亚·奥尔雷德（Gloria Allred）做她的代表。聘用格洛丽亚·奥尔雷德就像把一切生活细节张贴在日落大道的霓虹灯下。摄像机和记者无处不在，他们徘徊在托兰斯法院附近，甚至聚集在我家大门外。

妈妈指控辛迪和帕特里克操控我申请独立监护权，还说她想申请禁令，让布拉德利一家永远不能靠近我。虽然我不想与这些扯上关系，妈妈还是强迫我陪她上法庭。她和格洛丽亚认为我的出席更有利于证明她们的观点。我既茫然又害怕，低头看着地板，试图躲避闪光灯和四周窥探的眼睛，但每过一会儿，我就会偷偷瞄辛迪和帕特里克一眼。他们两眼盯着前方，但我注意到辛迪的嘴唇在颤抖。很难得看到他们这么累，这么受伤，这么难过。

起初，辛迪和帕特里克还会反击。他们告诉任何愿意听的记者、法官和其他人，他们只是希望我能拥有才华横溢的年轻芭蕾舞演员该有的家庭生活和成长环境。他们认为，那种稳定和温馨，是有六个孩子且收入微薄的单身妈妈难以提供的。辛迪告诉一位记者，如果我愿意，她甚至能收养我。

就算这份充满爱意的宣言并没有赢得公众的青睐，他们仍主张自己有法律依据。他们的律师说，作为我的经纪人，布拉德利夫妇持有一份协议，协议允许布拉德利夫妇在我年满十八岁前，有权干涉我的职业生涯，并从我的收入中赚取管理费。

到了秋天，愤怒已经开始消退。通过格洛丽亚·奥尔雷德，我正式撤回我的独立监护权申请。妈妈的禁令也没有获得批准，因为辛迪和帕特里克没有骚扰，也没有威胁过我或我的家人。辛迪也终于放手，决定不再履行她的管理合同。

“撤销独立监护权申请实现了西尔维亚女士保持家庭纽带的完整和强大，不受第三方干预的主要目标，”奥尔雷德当时在声明中说，“布拉德利在回应禁制令的宣誓声明中表示，他们不曾，也永远不会做出任何干涉米斯蒂与其母亲的关系的行为。鉴于西尔维亚女士已经实现了向法院提起诉讼时所有的预期目标，我们选择不再就该问题申请禁令。”

除了极个别的情况，我很少有机会再见到辛迪或帕特里克。我偶尔会通过手机跟沃菲联系，现在他已经是个男子汉了。有时候我会收到巴比和阿爷的邮件。我总会回复。

* * * * * *

妈妈和布雷德利决定撤诉后，法庭上的斗争也告一段落。然而，我心灵和精神的战斗却愈演愈烈。

9月，我回到了圣佩德罗高中，成为了十六岁的高二学生。感觉和以前大不一样。现在，每个人都知道我的秘密。

在校园生活中，我总是力求表现完美，在第一声钟响之前到学校，是丹娜中学最称职的纠察队员，以操典队队长的标准严格要求自己，追求卓越。

我不让任何人，哪怕是最好的朋友走进我的生活，怕他们看清我过得这么糟。我没有邀请他们到布莱恩的家里做客，那个房子里充满了敌意和暴力，我也没有邀请他们到破败的汽车旅馆房间里做客。我的同学不知道妈妈走马灯式的男友们，也不知道食品券耗尽时我们如何艰难度日。他们不知道，啦啦队队长姐姐和运动健将哥哥白日里无忧无虑，回家后却必须扮演起父母的角色，晚上照顾我、林赛，有时还要算上卡梅隆。

现在大幕已经拉开，我的生活暴露在全世界面前。芭蕾舞女演员米斯蒂·柯普兰，过着天翻地覆的生活。

回想起来，我承认自己的故事轰动一时。仿佛最悲惨的芭蕾舞剧，中心人物天真无邪，却被两个世界拉扯。我会像火鸟一样大获全胜吗，还是像格尔塞一样屈从于破碎的心？我的结局还没有写好。

报纸专栏作家撰文讨论我的未来，讨论谁才是我的领路人。《洛杉矶时报》上登载了相关的文章，娱乐节目《额外咨询》播出了相关片段。在本地电视新闻里，日落旅馆的画面与我穿着薄纱和绸缎旋转的画面穿插在最新的枪击案和市政厅最新通过的条例之间，而我的世界在我眼前崩塌。

我们甚至收到了制片人的电话，表示想以此为题材制作一档电视节目，甚至拍摄电影。妈妈雇用了律师来进行筛选。

与此同时，我还必须熬过刚进圣佩德罗高中的前几天。同学们试探着跟我打招呼。

“嗨，米斯蒂。”他们紧张地低声说。

“很高兴你回来了。”一个和我一起在丹娜中学操典队跳舞的女孩兴高采烈地说。

他们试图对我好，假装没什么大不了的，但害羞如我，非常畏惧被人评判，再也没有比这个更糟的情况了。

这里无处可藏。我曾试图逃跑，但失败了。现在的我，就像第一次参加比赛时一样，迫切地需要一个后备计划，才能在观众面前掩饰我内心的慌张。

我想起了帕洛玛·赫莱拉，她在《堂吉诃德》里跳双人舞。芭蕾结束时，她没有抓住舞伴的手。她坚定而独立地立在一旁，靠自己保持平衡。

我想这就是我现在要做的：快速调整，高昂着头，依靠自己，独自前行。

* * * * * *

不会错过太多的舞蹈课对我来说很重要。因此，回家几个星期之后，我很高兴能够再次回到舞蹈工作室，生活的焦点再次回到芭蕾舞。

劳瑞森舞蹈中心以创始人和董事黛安·劳瑞森（Diane Lauridsen）的名字命名，它不隶属于任何大型芭蕾舞团。虽然只是个小工作室，但它在加州托兰斯却享有良好的声誉。

我相信黛安已经告诉了其他同学我要来。他们没有对“神童”嗤之以鼻，也没有对身在监护权拉锯战中的女孩另眼相看。相反，他们轻松地接纳了我，像家人一样。回到熟悉的地胶板上，沉浸在芭蕾里，我感到很放松，身边都是愿意花几个小时穿着足尖鞋拉伸和挑战极限的人。

我在这儿遇见的头两个女孩成了我现在最亲密的朋友。凯兰·拉多（Kaylen Ratto）现在是我舞蹈服装的生意伙伴，阿什利·埃利斯（Ashley Ellis）比我晚一年加入美国芭蕾舞剧院，在那里待了五年。她现在是波士顿芭蕾舞团的首席舞者。

两个非专业指导学校出身的学生同时进入大舞团是非常罕见的。但它就是发生了。阿什利和我，还有凯兰，从一开始就密不可分。她们从不谈论我的磨难，但我敢肯定，她们对此非常清楚。我们之间的友谊就像药膏，有温暖人心的治愈力量。

我记得黛安同意让妈妈在工作室给我举办十六岁生日宴。妈妈发出了手写邀请函，而且仅此一次，她允许我邀请来自辛迪工作室的老朋友。那天，劳瑞森舞蹈中心很早就关门了，屋子里挂满装饰，桌上摆满了薯片和蛋糕。

重压之下我总是会偏头痛。而我刚刚经历了一生中最艰难的日子。于是，那天我在黑暗的里屋躺了两个小时，外面，派对气氛热烈。

后来我听说，那天每个人都很开心。

* * * * * *

尽管黛安和同学们都很友好，但在舞蹈上，他们一向对我要求严格。劳瑞森舞蹈中心是个小学校，但这里教的技术比我之前在辛迪那儿学的要高级多了。现实是，尽管我被视为神童，可我只学了两年就成为圣佩德罗舞蹈中心最优秀学生的事实，恰恰是证明了学校的局限性。

跟着黛安是完全不同的体验。尽管我在旧金山参加了六周要求严苛的暑期集训，黛安的学校依然让我大开眼界，并让我认识到自己的舞蹈技巧还需要打磨。很快，我不得不改变学习方式，不断改进，有时候，甚至得重新学习各个舞步。为了在做双起双落跳时，我能更快地把一只脚推到另一只脚下方，以便在接下来做单腿画圆圈时，立起的足尖能快速画圈，我在地上生生地磨出了一个字母D，而不是一个模模糊糊的圆弧。

我尽量不表现得像故事女主角。我渴望进步，渴望尽善尽美，有时也会想沾沾自喜，享受现有的成绩。不过，如果我稍微表露出一点，黛安就会泼我冷水。

她一遍又一遍地提醒我，我还差得远呢，还需要下苦功夫。

“挺起背，”她命令道，“转身的时候要用力。”

辛迪一直把我当成她的小超级巨星，甚至似乎喜欢让学校里其他舞者自惭形秽。她总会告诉他们，比起我来，他们太马虎，水平太差。但是，黛安从不这样。我只是她工作室的一个学生，需要学习，需要努力，和其他人一样。

在生命中的那段时间，我迫切需要这样的感觉，感觉自己融入集体，和其他人一样，再一次有这样的感觉。我的老师、同学，还有芭蕾舞让我头脑清醒。

摄影师和记者偶尔会来学校找我。我不喜欢获得关注，这会让我脱离我的朋友们。最后，他们不再揪着那个困扰我的争议不放，开始谈论想邀请我参加暑期集训的各个芭蕾舞团。我希望，有一天他们会邀请我加入舞团。

不过，这场牵扯到妈妈、辛迪和我的大戏在落幕前，终究需要一个致命一击。

*　*　*　*　*　*

“辛迪该闭嘴了。”妈妈说。

这句话是妈妈永远的口头禅。她说，辛迪总是跟记者联络，造谣她是个恶毒疏忽的母亲。

“我们得保证我们的看法也被刊登出来。”她说。有时妈妈似乎沉迷在自己的愤怒中。

有一天，她告诉我，她收到了脱口秀《利扎》的制作人的电话。这个节目由前娱乐记者利扎·吉本斯（Leeza Gibbons）主持。他们希望妈妈能上节目谈谈她与辛迪最初的协定，如何一步步恶化，以及我最终为何消失。妈妈同意了，无视了我的强烈抗议。

后来我才知道，辛迪也会去，但和妈妈不在同一个房间，这样确保双方都会发表自己对事件的看法。

我吓坏了。这是上了法庭之后，几个月来我第一次和辛迪同处一个空间。我不想重温那段经历。它让我千疮百孔，我才刚刚开始恢复。我只是想待在工作室里，跳舞。

我告诉妈妈我不会参加节目。但她安慰我，我不用坐在舞台上：我只要坐在台下，利扎可能会走过来问我几个问题。我的兄弟姐妹也会在那里支持我。

我永远不会忘记录影的那天。妈妈说，她会来学校接我。所以，最后一节下课后，我走到外面等着，等着她那辆奶油色本田车出现。

出乎意料的是，一辆黑色豪华轿车出现在街上，在我面前停了下来。司机打开车门，里面坐着道格、埃里卡、克里斯、林赛，当然，还有妈妈。这正是我最厌烦的那种赤裸裸的炫耀。我不想引起关注，除非是我在舞台上旋转的时候。而现在，在工薪阶层汇聚的圣佩德罗高中前，停着一辆加长豪华轿车。

每个人，我的同学，甚至一些教师，都呆呆地看着我，想知道发生了什么事，猜我要去哪里。

我只好急忙上车，假装这是一个壳，我可以挖洞把自己藏起来。我哭了，开始对着妈妈大喊。

“豪华轿车？你怎么能开着豪华轿车来接我放学？你还嫌我承受得不够吗？”

车里静得吓人，只有我的啜泣声。

从这里开始，一切变得越来越糟。我坐在台下，旁边是埃里卡，而妈妈坐在舞台上。辛迪也在，但她在后面的房间，只有制作人单独采访她时，才能从监视器里看到她。

虽然妈妈给我提过，但利扎·吉本斯突然把注意力转到我这里时，我还是吓了一跳，她问了几个问题，具体是什么我记不清了。我只能勉强用“是”或“不是”来回答，怕自己控制不住哭出来。

这时候，埃里卡，护短又充满母性的埃里卡，站了起来，拿起麦克风。

“你试图摧毁我们的家庭，”埃里卡对显示着辛迪脸的屏幕大叫，“你利用了她，现在你装得好像是天使，我们是坏人。我们永远不会原谅你做的事。”

那是我生命中最漫长的一小时。后来，豪华轿车把我们送回了家。第二天我去学校，试图阻止痛苦的火花发展为熊熊烈火。

我走下走廊，几个同学找到我。“我们在电视上看到你了，”他们告诉我，“老师开了电视，我们全班都看了。”

*　*　*　*　*　*

慢慢地，日子又恢复了正常，终于不再是苟延残喘。我搬回家几个月后，妈妈找了一份销售的工作，并且在圣佩德罗的一条安静的街道找了一套舒适的两居室公寓。这是第一次，我们一家人终于有了一套真正属于妈妈的房子，而不是某个男人一时兴起让我们住的。

知道这个消息后，我想大家都感受到了前所未有的平和。林赛和我共用一间卧室。多年来第一次，我可以走路上学。

舞蹈仍是我生活的中心。由于现在我不再在家里接受教育，只能下午上舞蹈课。由于我在工作室待的时间变短了，这里的严格要求和几个同学的非凡本事让我备感压力。妈妈曾送我一个玛丽亚・凯莉真人大小的纸板剪影。我把它钉在墙上，旁边是帕洛玛・赫莱拉的海报。

我再次对妈妈心怀感激，感激她在莉兹・坎廷的帮助下为我找到了一家新的舞蹈学校。感激她终于自力更生，买车，买自己的公寓。她终于开始照顾我们一家人。我只想知道这一切为什么来得这么迟。

客厅的帷幔上挂着一张照片，照片里，格洛丽亚・奥尔雷德站在托兰斯法庭门外，举着我的手宣告胜利。那时，这场拉锯战在我不知情的情况下已激烈斗争许久。

现在，我对此有了一点看法，能慢慢理清过去三年的种种。

妈妈和我的兄弟姐妹曾说我已经被辛迪和帕特里克洗脑了，我置之不理，甚至与他们激烈争辩。可现在，我不再那么肯定。

我开始慢慢相信，尽管辛迪和帕特里克都没有恶意，我确实被洗脑了，哪怕只是一点点。我从小就认为我值得拥有更好的生活，但妈妈不愿，也不能提供这样的生活。也许，只是也许，我可能真的错了。

这是个启示。有一天，记得是那个转折年的年底，我坐在客厅的沙发上，坐在妈妈身旁。我感谢她对我据理力争，感谢她从没放弃我，也没放弃自己。我为她承受的一切道歉。

现在我长大了，我的观点又改变了，现在的观点更加公正，完全是我自己的看法。我确信妈妈很爱我，布拉德利一家也爱我。没有他们的奉献，没有他们愿意牺牲自己，把我接到他们家，我不可能有现在的成就。是他们让我学会不忽视并表达自己的意见，我应该有信心。所有的这些，甚至不止这些，都是布拉德利一家教给我的。

* * * * * *

监护权之战结束后不到一年，我第一次去纽约，去参加美国芭蕾舞剧院的暑期集训课程。杰西卡和我一起去，就像当年我们一起去旧金山芭蕾舞团一样。

几个月前，我参加了暑期集训的选拔。所有暑期集训的入学选拔几乎都一样。年轻的芭蕾舞演员翻看《舞蹈》杂志的背面，搜寻各大舞团在全国各地的舞蹈工作室举行观察课的时间安排。在这些课上，有潜力的学生会参与舞团暑期集训的遴选。

选拔通常集中在一个月内。每所学校有自己特定的服装要求——黑色紧身衣，粉色紧身裤，无其他颜色。你按照指定的时间出现，支付少量费用，他们会在你的胸前戴一个大的数字。然后，你和其他五六十个舞者一起做几个芭蕾舞的经典动作，有把杆动作，有地面动作，而此时学校代表站到一边，或站在桌子后面，仔细观察。

我被丽贝卡·怀特（Rebecca Wright）邀请去参加美国芭蕾舞剧院的暑期集训选拔，她当时是该项目的执行人。一年前，我获得聚光灯奖时，她是评委之一。莉兹和迪克·坎廷（Dick Cantine）陪我去了工作室，交了钱，然后和其他舞者的父母一起在走廊上等着。

几个星期后，我收到一封邮件。邮件上说，我已经被录取。六月，我离开加州，前往纽约。

# 第七章

# 伤病的折磨

舞蹈演员的身体是她的乐器，是她演奏的方式，是她编织魔法的织布机。

第一次在美国芭蕾舞剧院的人面前亮相时，我只有十五岁，刚刚获得洛杉矶音乐中心聚光灯奖。

小时候，我坐在布拉德利家的电视机前，目瞪口呆地看着米哈伊尔·巴雷什尼科夫、格尔塞·柯克兰和美国芭蕾舞剧院的其他明星。那时候，我就梦想着有一天我也有机会进入这个舞团，走帕洛玛·赫莱拉走过的路，在她跳舞的地方跳舞。

美国芭蕾舞剧院是当初给我提供暑期集训奖学金的五家舞团之一。但对于十五岁的我来说，纽约实在太远了。于是，我选择了加州海岸。现在，一年后，我已经准备好在纽约大显身手了。

妈妈的朋友到拉瓜迪亚机场接了我。我们一起打车去了我未来一段时间的住处，一座位于纽约市格林尼治村十四街的修道院，与圣约瑟夫加尔默罗会的修女们住在一起。

有些人可能觉得年纪轻轻地住在修道院一定特别闷，特别奇怪，我带去的玛丽亚·凯莉的海报贴在墙上，贴在一串串念珠之间。

但我觉得住在这儿挺好的。

把夏天的旧金山搅得天翻地覆的闹剧早已尘埃落定。现在，我已经可以若无其事地穿过曼哈顿的钢筋森林，走向我的下一段冒险。

我生命中的主要剧目和我想要的近乎一致：偶尔担当芭蕾舞剧女主角，赢得了芭蕾舞指导的认可，不断让自己更上一层楼，期望有朝一日能成为美国芭蕾舞剧院，我梦寐以求的舞团的固定成员。

我戴着耳机走在街上，跟着不知名的节奏蹦蹦跳跳，突然，我发现有人正盯着我看。

“嘿，”他说，“你是那个全加州都为之疯狂的女孩儿吗?”

修道院门外是纽约，这里有脏兮兮的街道和无所不在的杂音，仿佛一个永远在调音的乐团。这声音伴随着纽约人从东跑到西，从南走到北。潮湿的空气中混合着垃圾的臭味、尿味和餐车上油炸食品的味道。这是我第一次来到这么大的城市。这里的一切对我来说都是新鲜的。

修道院粉色墙壁的后面，修女们善良而又充满母性。她们不会说英语，只会说西班牙语，大部分的时间，我听不懂她们在说什么。每个小房间里有一部对讲机，每天早上七点它会发出蜂鸣声，把我们从睡梦中叫醒。

哔嗞嗞嗞嗞嗞。

“El desayuno esta listo[①],”一位修女会叫道，“早餐准备好了。”

我们一点都不喜欢这个晨间问候，想多睡一会儿。但是，我们喜欢修女每天为我们这群女孩准备的早餐和晚餐。

宿舍里，每间房间有两张窄床。这里不仅住着参加美国芭蕾舞剧院暑期集训的学生，也有参加其他暑期集训的学生。起初我和玛格住在一起，我们都在劳瑞森舞蹈中心跳舞。她参加的是乔弗里芭蕾舞团的暑期

① 西班牙语，意为“早餐准备好了”。

集训项目。后来，我又换到和我的好朋友凯兰一个房间，我们在加州是同学，她也参加了乔弗里芭蕾舞团那年的暑期集训项目。

还有，当然，阿什利·埃利斯也在，和我一起在美国芭蕾舞剧院。这就像玩抢椅子的游戏，有时是阿什利和玛格住，我在凯兰的房间，有时候又会交换。

还记得，每天跳完舞，明明腿疼得不行，却还要忍痛爬上一级又一级的台阶，因为修道院没有电梯。到了晚上，所有的女孩，不论是来自乔弗里、纽约城市芭蕾舞团还是美国芭蕾舞剧院的，都会聚在地下室一起吃晚餐，我们所有的餐食都在这里。饭后，我们会一起看电影。妈妈寄来了超级男孩演唱会的视频，我们看着视频里的贾斯汀，发着花痴。

集训开始的第一天，我被叫到艺术办公室，约翰·米汉（John Meehan）和柯克·彼得森（Kirk Peterson）在等我。柯克是美国芭蕾舞剧院的独舞演员，担任这个项目的驻团编舞和芭蕾老师。约翰是舞团里的前任首席舞者，也是美国芭蕾舞剧院芭蕾舞团工作室的艺术总监，年轻舞者在成为舞团正式成员前都会在这里表演。

柯克先开了口。

“我们听说了你的故事，米斯蒂。”他说，“但我们想知道更多的细节。”

于是，我跟他们谈起男孩女孩俱乐部，谈起我当初怎么犹豫不决，后来又如何疯狂地爱上了芭蕾。我告诉他们赢得了聚光灯奖时的激动心情，讲起在《胡桃夹子》中扮演克拉拉，在《堂吉诃德》扮演琪蒂时的享受，谈起美国芭蕾舞剧院一直是我梦寐以求的舞团。

我略过了妈妈和辛迪之间的那场争斗。值得庆幸的是，无论是约翰还是柯克都没有逼我，也没有过问。

他们说，我是难得一见的天才。约翰说，他计划邀请我立刻加入舞团工作室。

我惊喜得不知所措。

* * * * * *

也是在这个夏天，我遇到了帕洛玛·赫莱拉。不得不说，起初，我有点失望。

当时应该是午饭时间。暑期集训班的学生是被禁止在美国芭蕾舞剧院的舞蹈工作室闲逛的，说是工作室，其实是几间破败屋子挤在一起的院子。舞团占据了市中心百老汇大街890号大楼里的两层，一共有五间练习室，我们就在这里排练。练习室里有整整两面墙都是镜子，三面墙都安装了把杆，另外还有一些把杆像柴火一样堆在后面，在房间中间练习把杆动作时才会搬过来。钢琴一如既往地坐落在房间的一角，房间前面还有电视和音响系统，方便我们看视频学编舞。

和纽约城里许许多多的老楼一样，美国芭蕾舞剧院里到处都是旧暖气片，以保证供暖。冬天，这些管道叮当作响，有时吵得我们根本听不见钢琴的声音。在两大排练室之一的5号房，火热的蒸汽和舞者身上的热气给玻璃蒙上了一层雾，你根本看不清外面的19号大街。

夏天，练习室闷热难耐。房间里装了空调，但舞者不想开，因为担心肌肉受凉僵硬。

此外，还有两个大更衣室，分为男更衣室和女更衣室。更衣室里摆着长椅和摇摇欲坠的储物柜，我们到舞团的第一天就领了自己的柜子，供在团期间使用。理疗室里有各种你能在高级健身房里看到的东西，从有氧运动、负重器械到普拉提，应有尽有。还有一间小按摩室，舞团治疗师会帮助按揉酸痛疲劳的肌肉。

楼上，在三楼，有另外两间练习室和舞团办公室，艺术工作人员、舞台经理和舞团管理层、筹款部门、宣传部门和教育部门，以及我们的执行董事都在这里办公。

午饭时间，我通常会去街上散步，在沙拉吧买一份汤或三明治回练习室，和大家聚在一起吃东西，休息，然后才回去上课。

可是那天，不知道为什么，我特别想四处看看。走廊里飘散着汗水和岁月的味道。不知不觉，我来到了其中一间大练习室，帕洛玛·赫莱拉在里面，正在打电话，那时还是付费电话。

我以为她会很高，实际上她只比我高几厘米。她琥珀色的头发束成了松散的发髻，一条腿搭在墙边的椅子上，做拉伸。

“无时无刻不是芭蕾舞演员，”我心想，感到肃然起敬，“即使正在和朋友聊天。”

她完全就是我想象中的偶像的样子，仿佛女主角，漫不经心的动作，以常人难以想象的方式弯曲身体，毫不费力，轻松得仿佛是在撩头发。

当你和偶像面对面时你会做什么？你把她的照片挂在你卧室的墙上，你学习她的舞步，许多年前是她扮演的琪蒂鼓励你走到今天。而此时此刻，在离家五千公里的地方，在米哈伊尔·巴雷什尼科夫执教的工作室，在格尔塞·柯克兰跳舞的工作室，你遇到了她。

你靠近她，悄悄地，静静地。

“你好。”我最后说，既像压着嗓子，又像在讲悄悄话。

没有回应。

我不记得帕洛玛当时是在打电话，还是已经挂了。我只记得，当时气氛尴尬。我觉得她有点小气。

人们都说，最好别去见你的偶像，因为你会发现他也是平凡人，也很情绪化，也像你一样不完美。

但帕洛玛的冷漠却莫名地让她更吸引人，让我对她的迷恋又加深了。我转身走出了房间。

“她肯定会有那么点自我啊，”我很快得出结论，“她可是帕洛玛·赫莱拉好吗!”

虽然这次被禁止的会面没能开个好头，但我和帕洛玛的相遇仅仅是我们关系的开端。我现在认为，要真正了解她，至少需要十年。但现在，体验过聚光灯下的时刻，感受过伴随“唯一”而来的阿谀奉承和高处不胜寒，我明白了为什么她仿佛在自己周围竖起了一道墙。

或许，因为我虽然大器晚成却是个天才，或许，还因为我是在白人主宰的领域独树一帜的黑人女性，聚光灯总是追着我跑。帕洛玛也因特殊而引人注目，年仅十来岁就成为独舞舞者，接着成为首席，与经验更丰富的年长舞者并肩起舞。

我只能想象，她十五岁时肩负众望加入美国芭蕾舞剧院是什么感觉。我能想象得到，其他舞者看到这个纯真少女一路平步青云，给了她多少怠慢和轻视，她都必须忍受。

我完全能够想象，一清二楚，因为她经历的，我也经历过。

多年以后，美国芭蕾舞剧院的艺术总监凯文·麦肯齐在我二十四岁时，升我为独舞舞者，我成了二十年来第一个走上这个位置的非裔女性。我登上了《足尖》杂志的封面——那本我以前常买，放在背包里随身携带以便自己能随时读到帕洛玛·赫莱拉的杂志。我对作家谈起她，也谈起了格尔塞·柯克兰；谈起我一想到芭蕾舞演员，就在脑海中看见她们流畅的动作。我告诉作家，从十三岁接触芭蕾的时候起，帕洛玛和格尔塞就是我的目标。

之后，那个封面故事登出来了，现在轮到帕洛玛悄悄接近我。

“我看了你在《足尖》里的故事，”那天课间，我正在练习室里拉伸，她走过来，喃喃地说，“谢谢你在文章里那么夸奖我。”

真有趣。在接受采访时，你侃侃而谈，有时可能无法意识到有人，包括你提到的人会真的看到你说的话。有那么一瞬间，我很惊讶，甚至有点不好意思，帕洛玛竟然读过我的盛赞。

不过，我也很高兴，我曾经的偶像因为我赞扬她而感到受宠若惊，尽管我现在已经是一个独舞舞者，和她同台演出，我可以自豪地告诉全世界，我是她的粉丝，是帕洛玛·赫莱拉启发了我。

我们相视而笑，成了伙伴。而且我可以说，我们也是很好的朋友。

* * * * * *

这些女孩，我们之间的乐趣和友谊，让美国芭蕾舞剧院的项目看上去有点像穿着足尖鞋的夏令营。但是，我们非常努力地练习，每天花七个小时做阿拉贝斯克和蹲。

阿什利和我每天早上沿百老汇大道走十五分钟到美国芭蕾舞剧院。在学校的一百四十九名年轻人中，我和她是同一水平的。我们进入项目后不久，就知道了我们在夏季演出中会扮演的角色。

阿什利有一段独舞。柯克·彼得森决定，我在菲利普·格拉斯（Philip Glass）的芭蕾和《帕基塔》改编版中表演双人舞。《帕基塔》讲述了吉卜赛女孩救了一名战士，后来发现自己原来是贵族出身的故事。

同学对这个决定表示支持和赞赏。他们相信阿什利和我都掌握了完美的技术，他们管阿什利叫“白皮肤的米斯蒂”，因为我们的身材和舞蹈风格非常类似。

我们肯定算得上那年夏季项目里的明星。演出当晚，谢幕之后，我给其他舞者签了好几双我的旧舞鞋。我正在和朋友合影，突然得知美国芭蕾舞剧院总监凯文·麦肯齐和约翰·米汉想见我。

我急忙来到楼下的办公室。

“今晚你表现得非常精彩，米斯蒂。”约翰说。他说话算话，邀请我加入舞团工作室。

尽管约翰之前提过他有这个意向，我还是被这个邀请惊呆了。我还在读高一，才十六岁。但我加入美国芭蕾舞剧院的梦想近在咫尺，唾手可得。

我好不容易找回理智。

“我得问问我妈妈。”我最后说。

我真的是一路奔回修道院，打电话给妈妈。她不确定。她说，我必须要完成学业，而且我在家的时间真的太少太少了。

但她后来的表现令我吃惊。

“你自己决定吧。”挂电话前她说，“时光一去不复返，期望他们明年夏天也会邀请你。但这是你的梦想，我希望你不要后悔最后的决定。”

我不知道该怎么办。我一直拖着，在接下来的几天里一直告诉凯文我还需要时间来想清楚。他和约翰都告诉我，我可以继续上学，获得高中毕业证。他们还会为我提供奖学金，支付置装费和往返两地的费用。这个条件太诱人了。

可是，我的大姐埃里卡不久将生下第一个宝宝，一个女孩。她计划叫她玛丽亚。而我和妈妈终于能待在一起，相亲相爱，享受彼此的陪伴，和妹妹林赛住在属于我们的舒适公寓里。我不想离开他们独自一人生活在大城市。暂时不想。

“我想回家读完高中，”我终于告诉凯文和约翰，“希望明年你们还会要我。”

他们点头微笑。

* * * * * *

作为临别礼物，美国芭蕾舞剧院授予我可口可乐奖学金，用以支持我回南加州的训练及购买足尖鞋。

我怀揣着对职业生涯的兴奋和对完成学业的渴望回到家里。几个月的时间呼啸而过。比起圣佩德罗高中的同学，我与劳瑞森舞蹈中心的女孩接触更多。但高中舞会临近，妈妈坚持让我参加。

我学校里的大多数朋友都是亚洲人。到了周五，他们常去马布海俱乐部聚会。每到这时，我总是独自留在学校里。偶尔，林赛会和我在一起，她现在已经是初中三年级的学生了。

有两个人邀请我做他们的舞伴。一个是我的朋友，韩裔美国人，另外一个是美国黑人男孩，他是第二个邀请我的。我和第一个邀请我的朋友一起去了，我觉得很震惊，竟然有人会邀请我。我很害羞，一想到要和人约会，我就觉得很可怕。我从来没和男孩一起出去过。就算贾斯汀邀请我去看电影，我都不敢说自己一定会去，即使我那么那么那么喜欢他。

舞会当晚，我拉直了头发，穿了一条红色长裙，裙子上有一道和我一样长的缝隙作装饰。舞会在某个酒店的舞厅举行，酒店的名字我已经不记得了。但我清楚地记得，那一整夜我都苦不堪言。舞会结束后，我们在班上同学的家里继续开派对。最糟糕的时刻来了，我的舞伴试图吻我。我觉得一阵恶心，就躲开了。我从来没有和男孩接过吻。我甚至从来没和别人牵过手，除非那个人是我双人舞的搭档，我们在舞台上做托举和旋转。

那年六月，我毕业了。我迫不及待地扔下帽子和长袍，迅速将行李打包。作为可口可乐奖学金的获得者，我自动获得了参加美国芭蕾舞剧院暑期集训的资格。我将再一次奔赴纽约。

今年夏天比之以往略有不同。时至今日，我依然被美国芭蕾舞剧院的结构和工作团队深深折服。

这一次，我没有住在格林尼治村的修道院，而是和伊莎贝尔·布朗（Isabel Browne）住在一起。当我打车前往她位于曼哈顿上西城的高级住宅时，我完全没有想到，在未来的两年里，她的家就是我的家。

在芭蕾世界中，伊莎贝尔·布朗是一位传奇人物。传奇的一部分来源于“布朗王朝”。美国芭蕾舞剧院始建于20世纪30年代，那时伊莎贝尔就在舞团跳舞了。在美国芭蕾舞剧院，她遇到了她的丈夫，同为舞者的凯利·布朗（Kelly Browne）。他们的孩子伊森和莱斯利后来都成为了舞团的首席。事实上，莱斯利在两次集训中都指导了我，而我加入舞团时，伊森仍担任舞团的独舞演员。

我后来才知道，伊莎贝尔主动提出等我回纽约后接待我。这是无上的光荣。她个子不高，举止优雅，她的家和《费城故事》里的上流社会聚居区一样。墙角摆放着古董，桌子是闪闪发光的红木材质。

浏览她的书架，我能找到美国芭蕾舞剧院创团之初的计划书。由米哈伊尔·巴雷什尼科夫、雪莉·麦克雷恩（Shirley MacLaine）和安妮·班克罗夫特（Anne Bancroft）主演的电影《旋转的足尖》正是以布朗家族为原型，莱斯利在里面扮演了一个角色，和巴雷什尼科夫共舞。

辛迪是对的。我正与皇室在一起。

* * * * * *

虽然没能继续住在一起，阿什利也回到了美国芭蕾舞剧院参加暑期集训。我们再次赢得了演出中所有的重要角色。我第一次有幸与传奇编舞特怀拉·萨普（Twyla Tharp）合作。加入美国芭蕾舞剧院主团后，我常常在她的作品里领舞。

在暑期集训的强化课程中，我与特怀拉合作的时间转瞬即逝。我印象最深的是她称赞我动作流畅，技术高超。特怀拉指导我和阿什利，还有她的神童弟子工藤伊莱恩（Elaine Kudo）表演她的开创性作品《紧要关头》。该剧于1976年首次登台，她与巴雷什尼科夫担纲主演。

直到后来成为芭蕾舞团的一员，我才真正了解特怀拉。她留着一头银色短发，总是穿着宽松的衬衫，看上去就像个青春期的毛头小子。很多舞者逼迫自己保持身材娇小，特怀拉不一样，她总是带着很多零食。她有一个怪癖，喜欢直接拿着奥斯卡迈尔斯的塑料包装袋吃午餐肉。她像是鞭炮，我从没见别人有她身上的狂野能量和运动风格。她特别喜欢美国芭蕾舞剧院里的男演员。在编舞和创作时，她真的是全力以赴，在他们头上跳舞。她很强势，无所畏惧。

暑期集训中期，约翰告诉我，他希望我能加入美国芭蕾舞剧院的舞蹈工作室。虽然这并非意料之外，但我着实松了一口气。接着，夏末，我们完成了最后一场演出，灯光减弱，凯文叫我回到舞台，他一直站在那里。

我把接下来发生的事记录在日记里。

“凯文说，祝贺我演出成功，也祝贺我签约成功。我惊呆了……他告诉我，我很特别，他们一直密切关注我。他说，他简直不敢相信我在当代作品中表现得如此出色，在演出中沉着冷静，而与此同时，我在经典作品中也让人眼前一亮。他们感到非常惊讶。”

我决定不回圣佩德罗了。之前的暑假，妈妈一直找不出时间来看我的演出，这次她飞过来看我出演的《紧要关头》。她留了下来，帮助我为人生的下一个关键点——在纽约做专业芭蕾舞演员，做准备。

凯文还告诉我，在正式加盟芭蕾舞团工作室前，我会在主团做“学徒”，并和他们一起到中国巡演。

“你有护照吗?”他问。

我没有，但有必要的话，我愿意为了办护照睡在海关办事处门前。我欣喜若狂。十七岁，还没有完成预备期，就能和主团一起演出，这比我梦想的还要好。第二天，妈妈陪我去了当地的护照办公室。我马上要十八岁了，这将是我第一次走出国门。

* * * * * *

我们去了两个星期，在上海、台北表演，还顺道去了一趟新加坡。作为学徒，合约允许我能做的不多，只能作为群舞演员在独舞和首席背后表演。在我还没有专业经验的时候，能跳群舞已经是莫大的荣幸。在

《舞姬》里，我扮演华尔兹舞群里的一个女孩，我和朋友蕾拉一起扮演花童。没有排练或演出的时候，蕾拉和我常一块儿去游玩，我们去了碧海金沙水上乐园，还去了城隍庙。

回家后，我正式成为了美国芭蕾舞剧院芭蕾舞团工作室的一员。我的舞团奋斗之路就此展开。

* * * * * *

芭蕾舞团工作室里有六个女孩和六个男孩，一年的时间里我们一起排练、学习、表演，为加入主团做准备。我们主要在国内巡演，去过水牛城的学校，去过科德角的小剧场。不过，我们也去了百慕大，酸痛的脚踏过白色的沙滩和碧绿的海浪。整个过程仿佛身处天堂。我们中的大多数都一起参加过美国芭蕾舞剧院的暑期集训，彼此非常熟悉，感情好得仿佛兄弟姐妹。

通常，表演结束后，舞者有一些余兴节目，和台下的年轻观众聊聊天。时至今日，我还常常被其他一起聊天的舞者们调侃，因为学生们总会盯着我问问题，有的人可能在监护权争夺战期间的新闻上见过我，问我会不会成为独立监护人。

“你是‘利扎秀’上的那个人吗？”有人免不了会问。

“是的，但现在一切都很好，”我匆忙回应，紧张的笑容闪过我的脸颊，“我现在回家和妈妈一起住了，没什么不好的。下一个问题？”

从《睡美人》开始，我在舞团工作室跳了几乎所有的双人舞。能饰演主角欧罗拉我觉得很光荣。我和大卫·哈尔伯格（David Hallberg）搭档，他现在是美国芭蕾舞剧院的首席，另一个搭档是克雷格·萨伊斯坦

（Craig Salstein），美国芭蕾舞剧院的现任独舞演员。

舞团工作室的各位都很喜欢我，我陶醉在舞团工作室的氛围里。我开始释放我的个性。我的声音，在童年的大多数时间里，都是沉默的，和辛迪在一起时，才释放了出来，后来我试图从监护权争夺战的创伤中恢复，就又沉默了。现在，它再次出现。

我第一次大声说话，甚至有点吵闹的意思。那个做读书报告都会紧张得发抖的小女孩，现在能发表自己的观点了，关于政治的观点，关于音乐的观点，关于一切的观点。我会和雷娜塔·帕瓦姆（Renata Pavam）争论谁才是最好的男团。她是舞团工作室里来自巴西的成员。

"超级男孩！"我大喊道。

"后街男孩！"她嚷嚷着回道。在宣布停战前，我们会一路这么吵吵嚷嚷地去塞纳斯万克的店买墨西哥煎饼。

雷娜塔成了我最亲密的朋友之一，现在也和我一起在舞团工作，担任群舞演员。

但是舞团工作室里我最好的朋友是蕾拉·法亚兹（Leyla Fayyaz）。我和她被选为学徒跟着主团一起去了中国，从而建立了深厚的友谊。我们都喜欢嘻哈音乐，业余时间里经常一起对着阿姆发花痴。

看这边好吗？
看这边好吗？
请真正的大痞子站起来好吗？
重复一般，请真正的大痞子站起来好吗？[1]

① 出自阿姆的歌曲《真正的痞子阿姆》。

在中国巡演期间以及后来在舞团工作室里的时候，我和蕾拉一直住在一起。她很漂亮，有古巴、黎巴嫩和波斯血统。我认为她古典芭蕾的技巧和风格堪称完美。我们称彼此为灵魂伴侣。我们一起逛纽约，从最初盯着时报广场各种演出发呆的懵懂少女，成长为后来逛街、和男孩初次约会的年轻女孩。在我看来，她真的帮我摆脱了自己的保护壳，让我适应了纽约客的生活。她加入美国芭蕾舞剧院，成为了群舞演员。短短一年后，她退出舞团就读纽约亨特学院。即使在她退出后，我们依然保持着亲密的关系。她现在是纽约福克斯五台晨间节目的部门制片人。

但是，在我定居纽约一年以后，我的好日子戛然而止。

那时我十九岁，刚刚成为美国芭蕾舞剧院的群舞演员。

群舞是舞团不可或缺的一部分。他们的伴舞把芭蕾舞剧串在一起，丰富了《舞姬》里帕莎的梦，填满了《吉赛尔》里的森林。然而，大多数芭蕾舞者的目标绝不仅仅是当一个群舞，而是要表现出挑，拿到大独舞，如果顺利的话，某天还能成为首席。首席是一小群闪闪发光的人，总是扮演琪蒂、西尔维亚或是欧罗拉的角色。从舞团工作室进入群舞，就像是从次级联盟跃升为顶级联盟主力队的替补。成为开场，成为第一的机会就在眼前，只要你步步为营，一路跳着舞前进。

在舞团工作室里，对完美的不懈追求是必不可少的，与此同时，还有一份深厚的友谊。

现在，我是众多群舞里的一员。这里竞争非常激烈。主团里没人知道我是神童，也没人在意。在这儿，我的“名声”不会带来特权。我必须从头开始。每一天，不论是在上课还是在排练，我都感觉像是第一次参加选拔，要证明自己。没有任何借口，没人会因为我起步晚而降低要求。在这里，没有辛迪给我撑腰，没有萝拉牵着我的手。群舞团里的很多人都大我好几岁（做群舞的时间比他们计划中更长），我感觉自己必须快速成长。

我训练的时间比其他人少很多，因此我认定自己不会出类拔萃，而且我还需要学习掌控自己，学习如何在与同伴好好相处的同时争取独舞的机会。我又变得战战兢兢，感觉自己的声音又开始往回退缩了。我感觉其他舞者，甚至包括一些教练，一直在评论我，很多人在奇怪我怎么会在这儿。也许有些只是我的胡思乱想，但我真的觉得好孤独。

显然，我感受到的距离感有一部分来自阶级。芭蕾一直以来都是白人和有钱人的领地。我们日复一日的足尖练习让足尖鞋消耗得和餐巾纸一样快，而每一双足尖鞋要八十美元。我家经常食不果腹，我十四岁才第一次接触到芭蕾。而我的同伴们从小沐浴在艺术氛围中，刚学会说话就穿上了人生第一套芭蕾短裙。他们去欧洲过暑假，而我十七岁才办护照。他们拥有度假别墅，而我在简陋的汽车旅馆度过了青春期的大部分时光。

但我在另一方面备受瞩目，可以说是影响深远。我是这片白人海洋中的一个棕色皮肤小姑娘。

曾经，成为“唯一”从不会让我觉得不舒服。和巴比、阿爷一起去会堂，出现在布拉德利全家福上，和他们一起去旧金山度假，我从来没想过我们的外表有多大的差异。但我也意识到，棕色的皮肤从不会让我烦恼，正是因为对他们来说，这根本没什么，至少没有坏处。

但现在不同了。

* * * * * *

在某些方面，芭蕾舞团和军队很类似，阶级分明，死板僵硬，在漫长而艰苦的日子里消耗你的身体。

和大多数舞团一样，美国芭蕾舞剧院为想培养的学生建了学校。而芭蕾舞团工作室可以称得上是为最有前途的舞蹈演员设立的培训学院。在舞团工作室训练一段时间以后，大多数学员会受邀进入主团，就像我一样。

主团下设群舞团、约五十人的歌舞团，以及顶级的独舞演员和首席，他们是舞团的明星。独舞和首席没有人数限制，但独舞一般维持在十几个，首席大约有二十个。

美国芭蕾舞剧院的演出分春秋两季。秋季演出季，我们会在主场纽约表演三到四周。舞台以前在纽约市中心，毗邻卡内基音乐厅。现在我们在林肯中心的科赫剧院演出，靠近春季的主舞台，大都会歌剧院。春季演出季延续八周。到了冬天，我们有时会在布鲁克林音乐学院举行胡桃夹子季，为期大约四周。

虽然表演季只有几周，我们全年都在准备。九月中旬排练开始，通常短短两周后，我们就会开始巡演，有时在美国各地，有时在海外。从纽约排练直到七月春季表演季结束两周后，巡演几乎不会间断。

我们在夏季有约两个月的假期。总的来说，我们一年里有三十五周都在工作，虽然不一定是连续的。其中十八周在排练，十七周在台上表演。

在我们戏称为“放风”的休假日，我常去做演讲，办大师班，参与美国芭蕾舞剧院之外的活动。

训练非常艰苦。排练表演季固定剧目的那几周，每天早上有九十分钟的芭蕾课做热身。接着，会从中午一直排练到晚上七点。大多数日子里，三点到四点之间可以午休，但不是每天都有这待遇。每周二到周六都要排练，只有周日和周一休息。

表演季真正来临的时候，时间表就更加紧张了。我们会去剧院上早课，然后从十点半开始排练和表演，直到晚上十一点。这是每天的常规安排，从周一至周六。

即使在休假，我每天早上还是会上芭蕾课。我会健身，做做普拉提，或者心肺训练，每周几次。

运动和芭蕾课都非常重要，不仅是为了保持健康，更是要证明自己的实力和技巧。只有这样，在为本季芭蕾选角的时候，你才会处于最佳状态。作为群舞团的一员，只有在课上表现出众，或者在舞台上脱颖而出，才会被挑出来扮演主角。美国芭蕾舞剧院内部不会试镜选角。类似试镜的事只有编舞在创作新舞剧的时候才会发生。这时，你和另外二十四名演员会被选中协助创作。你们会学习同样的动作，编舞会决定谁最适合，最能表现变化多端的动作。你必须要展现自己能快速学会动作，而且能适应编舞提出的种种改变。

但总体来说，通往主角的道路并不清晰，很大程度上也不由你控制。凯文会在教室里、舞台上静静地盯着你看，决定是否要给你机会。每年每名舞者都必须参加两次评估，评估由凯文和助理导演负责。在评估会上，独舞和首席会得知这一年他们会跳什么角色，或者会学习哪个表演。他们会用固定的、严格的排练时间表来学习和打磨自己的部分。

成为首席或独舞，在舞团登上顶峰的过程都是差不多的，有点主观，我必须承认，经历的时候还有一点神秘。尽管部分欧洲舞团每年为首席和独舞举办选拔，但在美国芭蕾舞剧院，他们无时无刻不在观察你。然后，突然有一天，你会像少数幸运儿一样，有人轻拍你的肩膀，或是接到一个紧急电话，叫你去凯文的办公室，在那儿，你会得知被提拔了。

* * * * * *

我刚开始向着独舞或首席攀登，第一年合同上的签字墨迹还未干，一场重大变故突然降临。

那时，其他编舞和舞团已经开始注意到我了。我被各方邀请冲昏了头脑，加上渴望用每一个机会来磨炼技巧，第一年休假，我都尽可能去拜访所有发来邀请的舞团。

通常，排练开始得很晚，一直要排练到深夜。一天深夜，我正在林肯中心的茱莉亚德楼和编舞一起练习。我记得那是一段现代舞，我不太习惯身体的移动方式。

突然，下背部爆发了一阵剧烈的疼痛。

排练中止，我马上去了医院。

原来是我的下腰椎应力性骨折。这种损伤一般很细微，随着时间的推移，撕裂会越来越严重。等你发现时，伤痛已经持续一年了。像我这样一发病就发现的，着实很少见。

我以前从没受过伤，不过我知道自己非常走运。在芭蕾界，伤病是家常便饭。每天都有人遭受应力性骨折、肌肉拉伤、颈部痉挛，因为我们不停地跳舞，跳舞，跳舞。在美国芭蕾舞剧院这样的舞团，有很多才华横溢的舞者，一旦有人不得不退出，随时可以作为候补顶上来。

伤病造成的心理上的痛苦，不输于身体上的痛苦。今天，你站在舞台上，是大明星。明天，你就因为伤病退出，别人会站上舞台，跳你的部分；而你，就被遗忘了。

虽然我受伤时，舞团还在放假，可美国芭蕾舞剧院马上要为下个演出季做准备。我突然接到了凯文·麦肯齐的电话。

他希望我能进团开始彩排。他想让我做主角，饰演《胡桃夹子》里的克拉拉。

这感觉就像荣归故里。当年，我在黛比·艾伦的《巧克力胡桃夹子》里扮演克拉拉。那场表演把我推向了闪光灯，巩固了我“神童”的名号。这是我很喜欢的芭蕾角色。我告诉凯文，我会去的。

但我骨折的背太痛了，我饱受折磨，最后不得不退出和放弃这个角色。

骨折愈合和恢复需要很长的时间。整整半年，每天二十三个小时，我都得穿着背板。除了洗澡，我都得戴着它。然后，还要再用半年来复原。

我好不容易从舞团工作室进入群舞团，签了合同。而现在，整个第一年，我没法跳舞。

十二个月后，再次回到美国芭蕾舞剧院的舞台，我胖了，也老了。再也不会有机会跳克拉拉了。

然而，当时我还不懂。在那时，我对职业芭蕾舞的世界还很陌生，对其中的利害关系一无所知。这可能帮我缓解了部分心理压力，那种我现在常在职业生涯中感受到的压力。我太天真了，竟然没有担心没有下一个机会，我太渴望痊愈，对未来太兴奋，竟然没有担忧另一个舞者会夺走我的聚光灯。

“这些只是人生的经历，”我对自己说，“等回去了，我会在跌倒的地方再爬起来。”

舞蹈演员的身体是她的乐器，是她演奏的方式，是她编织魔法的织布机。我们把身体扭曲到自然情况下达不到的地方。我们让身体飞，在足尖上跳舞，像苦行僧一样旋转。我们让自己承受令人难以置信的压力。有时会跌倒，有时会骨折。

# 第八章

# 棕色的天鹅

然而芭蕾舞需要的不仅仅是技术和力量，还需要舞者能够融入集体。

在脑海里想象一个女芭蕾舞者，穿着芭蕾裙和舞鞋，她看起来应该是怎样的？

可能很多人会觉得她是个四肢纤弱的小仙女，有一头亚麻色的长发，象牙色的皮肤，身着浅粉色薄纱，翩然起舞。

大家看到的我是这样的：胸部饱满，四肢健壮有力，臀部有美好的曲线。

几乎不论哪一个方面，我的身体都像是为舞蹈而生的。我的双腿和手臂极其舒展，柔韧性极好，宛如可以随意摆弄的橡皮筋。我脖颈修长，脑袋小，站立时膝关节自然向后缩。有很多年轻的女芭蕾舞者看见我那奇异的膝盖都十分羡慕，恨不得能有跟我一样流畅的线条。而我生来如此。

我敢打赌，你们一定想不到我还会飞。我向空中跃起做经典芭蕾动作，空中悬浮，在轻轻落在舞台上之前，我能够在空中保持一小会儿。

我身体素质很好，能够在舞台上，练习室里，连续数小时尽情地完成小跳、连转、跳跃和旋转动作。

然而芭蕾舞需要的不仅仅是技术和力量，还需要舞者能够融入集体。

很多人都觉得我的棕色皮肤看起来格格不入。也曾经有段时间，站在一群体格像男孩的女芭蕾舞者之中，我同样十分扎眼。

我觉得大部分原因是青春期过得太幸运。我从小想吃什么就吃什么：裹满芝士的奇多、汉堡……总之一切能找到的罐头食品和垃圾食品，我都吃了个够。甚至在我开始学习舞蹈之后，我仍然一窍不通，不知道哪些食物能辅助塑造专业芭蕾舞者的形体，使得身体成熟起来。辛迪确保我的饮食口味更加多样化，但是意大利面这类食物，尤其是我很喜欢的鲜虾意面，根本就不能让我保持苗条。在劳瑞森舞蹈中心以及旧金山芭蕾舞团，我所接受的训练和指导都是关于舞蹈技术的，而不是关于我该吃些什么。

所以现实就是，等我终于成功练好大跳，能够在半空中定格了，我的身体仿佛也被定格了，永远被挡在了发育期门前。十九岁的我，体重还不到九十斤，月经也没来过。

为了调养恢复身体，我返回了家乡圣佩德罗，那是我记忆中玩得最愉快的一段日子。妈妈很开心我能回家，她无微不至地照看我。老实说，长大以后，妈妈几乎没这么娇惯过我。莉兹和迪克也在家照顾我，关心我。我也终于有机会去做些在高中没能尝试的事情。以前高中的时候，我的重心都在芭蕾舞上，有时候又太害羞，很多事情都没机会体验。

我拿到了驾照，和好朋友卡塔利娜一起外出，她是我刚到辛迪学校那段时间认识的。我们一起参加沙滩派对，和好友围坐在篝火旁，聊天，开玩笑，闹到深夜。我还和蕾拉一家去了墨西哥和牙买加旅行，那是我第一次乘船出游。

这样愉快的时光也逐渐被身体恢复训练分走，为了康复，我付出了巨大的努力。我跟着之前的芭蕾舞老师黛安以及一位普拉提老师做训练。直到现在，我还一直跟着这位老师做普拉提。

我同美国芭蕾舞剧院一直保持联系，凯文和其他同僚也都很支持我。我频繁地返回纽约，进行物理治疗。凯文也明确让我不要着急，安心养伤，待彻底康复后，他们十分欢迎我回归剧院。

在群舞团的第二年到来时，我已经做好充分的准备，回归舞台。我签署了一份新合约，回到纽约，迫不及待地加入舞团，重新开始跳舞。

但彼时我已经不是美国芭蕾舞剧院之前所熟知的那个舞者了。

在多次往返纽约期间，我做过一次常规体检，那时我还在康复。我的医生告诉我他对我的骨骼力量很是担忧，而且我仍然没有月经初潮。虽然我并没有性成熟，但他认为有必要加速身体机能的成长，于是决定让我服用避孕药。

这并不是让身体进入青春期最自然的方式。说到底，这基本上就是强制性地让我的身体发育。的确奏效了。在几周之内，我就长了九斤，有了月经初潮。之前连内衣都无法撑起的胸部现在变得饱满而性感，重得让我很不舒服，这种感觉很陌生。看着镜子里的自己，我震惊得说不出话。

待我彻底回归纽约，我的身体已经完全转变了。我开始月经来潮，体重增加，胸部也变得丰满。这具成熟女性的身体让我感到生疏。很快，我就发现，芭蕾舞剧院也在找寻之前的那个我，那个有着小女孩身体的我。

在群舞团，你经常同其他女孩互换共用服装，--场芭蕾舞剧就至少要换三套不同造型的服装。公司并没有那么多的时间和闲钱给每个舞者量身定做。

初回纽约，我就要参演《吉塞尔》和《天鹅湖》。但是从其他演员那里换到我手中的戏服，版型都太男孩了，胸部非常紧。后台的工作人员只好把缝合线打开一些，再打开一些，好让我能穿进去。这让我感到不知所措，也十分尴尬，我能体会到自信开始一点点流失。

我一直在寻找合适的胸衣，想穿在戏服里支撑胸部，也不要让胸部看起来那么显眼。我需要那种能让我在跳舞的时候能自由呼吸，能活动得开的胸衣。

最终，剧院的工作人员找到了我，跟我说我需要减肥，虽然他们没直接用“减肥”这个词。让苗条的女性减肥，可能会出问题。在芭蕾舞里，有一个更加礼貌委婉的常用词——“塑形”。

剧院的职员告诉我：“你需要塑一下形了，米斯蒂，不用太多，一点点就好，这样还能保持身体曲线。”

我身高一米六，体重才刚刚九十斤。他们向我推荐了一位营养师，但是舞团不会承担这笔费用，得靠我自己来。我在剧院伴舞团一周只有九百美元，靠着这份收入想在纽约，这个生活成本最贵的城市生存下来，已经十分不易。现在我又多了一份压力，要额外雇一个专家来帮我减肥。

此外，我还需要保持体力和能量以应付繁重的训练。我无法坚持严苛的节食，这很可能让我变得虚弱，体力不支。

我的生命里，很多事情都来得很晚，比如芭蕾启蒙、成熟的身体、驾照。还有一样，我开始觉察到一种情绪，这也是大多数人比我早好些年，通常在高中时期就体验到的东西。

叛逆。

“他们以为是在跟谁讲话？”我会在漫长紧张的一天后跟自己咕哝，“我天赋异禀，凭什么一定要骨瘦如柴才行？”

我的后备计划就是要跳得比所有的人都好，要有无可挑剔的技术和令人难以置信的动作节奏感，这样他们才能看到我的天分，而不是我的胸和身体的曲线。

在排练的时候，我拼尽全力，全神贯注，再竭尽全力，集中精力。每天回到家，全身都如同散架一般。

然而内心深处，我明白后备计划这回是行不通的。我的身体就是不合适。这不是我所深爱的经典芭蕾舞角色需要的那种身体，也不是美国芭蕾舞剧院这样久负盛名的公司所需要的。这个认知戳痛了我。夜晚独自在家，往往是我最情绪化的时候。

* * * * * *

很多人会以为在芭蕾舞圈子里，饮食紊乱是司空见惯的事。

毕竟在一个如此看重外形，而且竞技素质同样关键的行业，舞蹈演员们肯定很关注自己的体重。没错，饮食习惯有时确实变得不健康。对年轻人来讲，进入一个高压的权威机构，例如美国芭蕾舞剧院，很容易产生不安定的感觉，觉得自己无法融入。这时，在寻求稳定感的路上，去改变一些自己能掌控的东西，比如自己的身体，就变得很有诱惑力。

但与这个谬见相反的是，剧院工作人员并不会定期检测团员们的体重，也没有严厉要求减肥或“塑形”之类的警告。实事求是地说，在美国芭蕾舞剧院的十三年里，我只听说过两三个舞蹈演员有厌食症这类饮食紊乱的病症。而且这都还是小道消息。除此之外，我对这种病的认知，也仅仅停留在“一生一次”运动中的一个转述的悲痛故事，还有就是在读首席芭蕾舞演员格尔塞·柯克兰的回忆录时看到过。她承认自己曾跟厌食症和毒品抗争。

我从来没想过让自己挨饿或是吐掉吃进肚子的东西。但是回想起来，我也曾遭受过另外一种形式的紊乱。我总是感觉自己吃得太多了。

认为自己很胖仿佛变成麻痹的精神死循环，我甚至偏执臆想地认为每个人都能看出我胖。心里的自我形象开始变得扭曲，就好像透过哈哈镜看自己。

因此我羞愧得根本不好意思去餐厅点餐。我心里会想：“我都这么胖了，还去柜台点汉堡和薯条，像什么样子?”

所以我又一次给自己想了一个后备方案。

上西区有一家卖甜甜圈的公司叫卡卡圈坊，离我住的地方不远。他们提供派送服务，但只有大批量的购买才送货。所以我会打电话叫两打甜甜圈，这对一间小公司来说算是大订单了。

接着就坐下来一口气吃完所有的甜甜圈。

这样暴饮暴食会激发一大堆情绪。我一开始感到满足，接着想到自己不仅无视了那并不是很含蓄的减肥要求，还暴饮暴食，就生出一股叛逆情绪。“他们不是要我减肥吗?”我在心底大喊，接着来一口甜甜的酥皮，“我就偏要想吃什么吃什么!”

但等到早上，就觉得糟糕透了。胃很紧，整个身体里都裹着内疚。我来到练功室，不得不面对镜子里臆想中肿胀的自己。我盯着自己，厌恶目光所见。这时前一晚自己做了些什么全都记起来了，心里只有懊恼。

等到返回家中，恶性循环，周而复始。

由于我一直在跳舞和不间断地训练，我并没有增重，但实际也没有减重。每隔几个月，工作人员就会委婉地来敦促我。

他们说："我们相信你，米斯蒂。我们想发挥你的潜质，但是你的线条没有之前瘦削古典。我们希望你把它找回来。"

我加强健身强度，几乎达到一天两次。但是我察觉到自己很容易练出肌肉，所以我还得当心，防止自己变壮。我了解到可以做些有氧运动，但是在运动过程中不能使用额颜力。

渐渐地，我开始找到平衡。这并非是某个瞬间就能领悟的东西。事实上，我用了差不多五年才真正了解了自己的身体，才知道什么样的训练是有效的，哪些是无用功。我坚持做普拉提来提高自己的核心力量。我也发现自己的体重上升，百分之六十到七十都是由于我摄入的食物所导致的。自此，我意识到，饮食对我身体的影响比健身和练舞都要大。由此，我决定开始改变自己的饮食习惯。

我尝试着尽量远离盐、白糖以及面粉，不吃无营养高热量的食物，比如薯片和我曾经深爱的甜甜圈。由于工作日程紧张又无序，我无法控制自己在固定的时间段用餐。不过我一旦开始专注于一个特定的角色，我会停止饮酒。并且，我从四年前开始，就没再吃过牛肉、猪肉以及鸡肉。从我将饮食习惯转变成严格的非海鲜不食后，身体有了巨大的改变。

我已经学会调整自己的身体和技术，接受这个身体并确保它保持最好的状态，能让自己全身心投入每一场演出。作为舞者，表演就是我的生活。如果不能跳舞，怅惘便油然而生。所以我需要找到身体的平衡点，我需要在技术上有飞跃，但也不能用力过猛，超出身体本身所能掌控的范围。我知道，不断地练习再练习，就像有魔咒一样诱惑，但身体在这样的重压之下，完全有可能不堪重负，让我永远失去跳舞的能力。

一段糟糕的回忆让我一直以来都憋着一股劲儿，时刻提醒着我，我并不是空有一副四肢发达的躯体。

在我十六七岁的时候，我曾与我那聪明的哥哥克里斯发生争吵，争辩有朝一日谁能当上律师。

“你懂什么？”他朝着我咆哮道，“跳舞的都是笨蛋。只知道动手动腿，不知道动脑子。”

他的话刺痛了我。我很受伤，连句反驳的话都憋不出来。我明白，他并不是唯一有这种看法的人，很多人永远无法真正理解舞者背后的付出，他仅仅是这许多人中的一个而已。他们不会明白我们是怎样将无数各异的舞步融合到一起，心、脑、身三者合一，全情投入演出，将幕后所有的汗水都掩藏，把聚光灯下最完美的姿态呈献给观众。

克里斯的话一直萦绕至今。不论我是站在舞台上，还是和对舞蹈一知半解的人做采访，我总想要试图去证明，舞蹈这个艺术形式的热切、多面性和独特性，想去证明舞蹈艺术背后深入的思考和深沉的爱意。

我有胸，有肌肉，但我仍然是一名芭蕾舞者。我注意到其他舞蹈演员有女性线条更突出的上半身和肌肉线条明显的体格。美国芭蕾舞剧院看到了我的努力，也看到了我在演出中的出色表现，最终决定让我停止塑形。他们也开始从我的角度来看待问题，我身体的曲线是我身为舞者的一部分，不应该为了将我塑造成舞者而牺牲。

* * * * * *

有些时候，在芭蕾舞台上，懂得紧跟聚光灯很重要。舞步随着音乐，和着灯光，为观众呈现魔幻般的整体视听享受，而不是让他们去细究烦琐的技术细节，才是真正的明星。

但有些时候，融入整体更加重要。芭蕾群舞团成员的选择，很重要的一部分是你的腿长，埋首时脖子的姿态以及这些身体的部位能否与其余的舞蹈演员配搭和谐。有时我也不得不承认，坐在观众席里一个相对较低的视角，看到一个脑袋尤其小的舞蹈演员会感到非常古怪，非常不同步。

在著名的情景芭蕾舞剧，柴可夫斯基的《天鹅湖》中的《四小天鹅之舞》里：四只“小天鹅”组成一个人链；四人的手臂相互交错，每个人分别将身边舞者的手攥在自己的手中。紧接着四人一起移动，行动一致，做猫步，即常被形容成猫跃式的舞步。这组舞步需要向侧面跳跃在舞台上腾空，接着屈膝，膝盖朝两侧大角度打开，踮脚尖，越高越好。

这是一场杂技般的舞蹈盛宴。每个舞者不但要呈现出芭蕾的优雅和灵巧，还需跟串联在一排的其余三名同伴配合默契，使之呈现出来的四人层叠效果就如镜面反射效应一般，而非四个分离的松散的人。

如果四名舞者之间的对比悬殊，比如你的躯体要比别的小天鹅更修长一些，或者你比其他人高出一截，都会导致同步性缺失。这样一来，群舞就有了瑕疵，舞台演绎亦幻亦真的魅力也随之流失。

这些我都理解。幸运的是，我并没有明显地高出舞团的同伴，也没有明显地比她们矮。而且我的身材比例是理想的芭蕾舞者比例，这一点不仅被乔治·巴兰钦认可（虽然他最终也没见到我），也是被美国芭蕾舞剧院的总监凯文·麦肯齐认证的，他显然见过我本人。

但是仍然有人认为在芭蕾的世界，容不下一只棕色天鹅。

有一天，我同其他几名舞者在午餐后散步，喝点水和果汁。那时我们刚刚开始夏季剧目《天鹅湖》的排练。我正如火如荼地练习猫步，决心在开幕前与其他三只天鹅练到完全同步。

一个舞蹈团员很不友善地扫了我一眼突然问道：“你真的确定加入群舞了？”

“怎么？”我有些惊讶，答道，“没错。你怎么这么问？”

她低头盯着地面。显然，她与别的一些团员听到一个工作人员质疑我凭什么入选四小天鹅之舞。那名工作人员轻蔑表示我根本无法融入整体，我看起来会很别扭，因为我的肤色比其他舞者都深很多。

我感觉像是被扇了一巴掌。我喝完那杯水便准备去上下一节课。而此刻，一边练习着跳跃和弯曲，我开始担心起表演的另一个元素，那个我无论如何努力排练都无法把控的因素，一个即使能改变我也不愿意改变的东西。

我感到很奇怪，人们不是通过我的天分和努力来评判我，而是通过肤色。跟布莱恩住在一起的时候，我曾见识过最卑劣的偏执，我曾听到他大声辱骂诋毁我的小妹林赛，也知道他们一家人在背后用丑陋的语言议论我。但这一切都让我觉得太过荒诞，畸形得可怕。

我的家乡圣佩德罗，一直以来都是俄罗斯、日本以及墨西哥移民的聚集地。我的朋友们邻居们也都来自不同肤色的种族。多年以来我都生活在舒适快乐的犹太家庭荫庇中，辛迪一直让我觉得小麦色的皮肤和浓密的鬈发，使我更加美丽迷人。

而现在，突然之间，我皮肤的深色反而成了问题。

在舞蹈世界里，有一个流派叫“白色芭蕾”。《天鹅湖》就是这个派系的典型作品之一，同样的还有《舞姬》和《吉赛尔》。这些舞剧的第二幕通常被身着白衣扮演着世俗动物或死者灵魂的角色主导。于是通常要求第二幕的伴舞团，甚至主演们都必须要看起来一样。

雷文·威尔金森（Raven Wilkinson），是我崇拜的导师，她在20世纪50年代加入了蒙地卡罗俄罗斯芭蕾舞团，成为第一个全职加入大型芭蕾舞团的非裔美国人。在表演的时候，她经常必须把自己的脸涂白，是实实在在地涂抹成白色。半个世纪过去了，我依然时常需要做类似的事。

刚开始，我泰然自若，以为这是表演的一部分，并没有介意。为了呈现出幽灵般的飘忽效果，所有的舞蹈演员都用白粉扑脸。但是在许多舞剧里，扮演一只塞尔维亚的山羊，或者在《吉赛尔》中扮演仙女，我得将皮肤完完全全修饰成另外一个颜色。我用其他女孩使用的粉底色号，将脸和胳膊遮盖起来，以提亮我的肤色。

这成了其他的舞蹈演员眼里的笑话。

“你是唯一一个黑人女孩，米斯蒂，但是你总演那些需要变白的动物。”这时伴舞团里的某个演员就会咯咯地笑起来。

我常常也跟着笑。直到有一天，演出太过频繁，脸上的妆太过厚重，我开始觉得这并不好笑。

# 第九章

# 梦想的坚持

妈妈一直担心我为了梦想放弃童年。有时我会想，她说的对不对。

2007年，我即将升任独舞的那一年，《纽约时报》周末版登出了一篇文章。标题是“黑天鹅去哪儿了？”

文章谈论了美国芭蕾舞界中为数不多的黑人芭蕾舞演员。讲到了哈莱姆舞蹈剧院的首位舞者蒂亚·吉梅内斯（Tia Jimenez）如何在主流古典芭蕾舞团，波士顿芭蕾舞团找到自己的位置。谈到了美国芭蕾舞剧院和纽约城市芭蕾舞团如何将她拒之门外。

文章也谈到了雷文·威尔金森如何用蔑视和优雅回击歧视。文章里有一张芭蕾舞演员爱莎·艾什（Aesha Ash）的照片，她曾在纽约城市芭蕾舞团跳群舞，得知自己已走到职业生涯尽头后，她选择了离开。还有艾丽西亚·格拉芙（Alicia Graf），她曾被美国芭蕾舞剧院和纽约城市芭蕾舞团拒绝，后来加入了阿尔文·艾利美国舞蹈剧场。

那时，我已经在美国芭蕾舞剧院的群舞团跳了六年了。这文章是我读过的第一篇反映了我内心忧伤和孤独的文章。以前，我从没读过哪篇文章像这篇一样完美地展现了我所经历的：很多人似乎不希望看到黑人芭蕾舞演员，在他们看来，我们的存在，让芭蕾失去了正统，失去了浪漫，失去了真实。

这故事让我难过，也让我愤怒。但不知道为什么，也让我越发坚定。其实我并不孤单。有人已经走在了我前面，有人的情况比我糟多了。雷文·威尔金森为了在南方跳舞甚至要与三K党势力抗衡，最终由于威胁，不得不离开剧团。由于在国内找不到工作，她后来搬去了荷兰，加入了荷兰国家芭蕾舞团。

她的故事，她们所有人的故事，让我更想好好努力成为独舞演员，成为首席，去实现我的梦想。

* * * * * *

文章出来的第二天是星期一，那天我休息。星期二早上我才回到工作室。

我正走去上第一堂课，舞团里一个我不太熟的年轻女孩子突然跑过来。

“你看没看《纽约时报》上那篇愚蠢的文章，《黑天鹅去哪儿了?》?”她问我的语气与其说是好奇，不如说是指责，“他们在说什么破烂玩意儿？胡说八道。”

我无话可说。我觉得自己被无视了，觉得特别孤独。她是真蠢还是故意让我难堪？对她来说，我显然成了一个标志，一个将被处理的问题，很快会被遗忘。

我赶紧转过身去，泪水涌出眼眶。我摸索着穿过走廊，找到一间空练习室。关上门，心碎地大哭起来，因为心真的碎了。

没有人了解。舞者要承受太多常人难以想象的困难：忍受剧痛也要呈现完美体态，为了追求卓越，你必须逼迫身体直至受伤的边缘，承受舞蹈大师、评论家和观众的品头论足。但除此之外，我还必须应对怠慢、假笑和像那个女孩一样不敏感的人，我和这些人同台演出，但他们对我一路走来的经历一无所知。没人知道，也没人关心。

在美国芭蕾舞剧院，我不认识别的黑人女演员。我最亲近的朋友蕾拉很快就离开了群舞团。因此，我常常和来舞团的黑人男孩一起玩，一次一两个，昙花一现后都免不了匆匆离去。

丹尼、杰里、但丁、贾马尔，他们来了又走了，只有我一直在这里。

对了，还有埃里克·安德伍德（Eric Underwood）。我和他结下了深厚的友谊。

埃里克在华盛顿长大，他和我一样，成长于一个收入不高但温馨有爱的家庭。他也和我一样，通过偶然的机会接触到芭蕾。也许这就是命运！

埃里克十四岁时参加了当地艺术学校的表演选拔。他尽力避免去他家附近的那所学校，那里充斥着暴力，教学质量也不好。表演选拔并不顺利，但当他走出教室，偶然看到几个准备参加舞蹈选拔的女孩时，他突然意识到这才是他想做的。

他做到了，真的做到了。最后，埃里克加入了哈莱姆舞蹈剧院和美国芭蕾舞剧院，现在他是伦敦皇家芭蕾舞团的独舞演员。

我们紧紧相依。我们听着同样的音乐长大：新版本合唱团、托尼·布拉克斯顿、玛丽亚·凯莉。我们有自己的秘密暗号，用回家和兄弟姐妹聊天时才会用到的土话交头接耳。我们就像兄妹，对R & B和嘻哈音乐的热爱把我们紧紧连在一起。我们有自己的秘密基地，周五晚上去“红龙虾”或“烧烤店”大快朵颐，虾、汉堡和肋排让我们心满意足。

和埃里克在一块儿时，我们不要翻译，也不需要解释。每当我们听到有点冷漠，带点种族主义的东西时，我们都会默契地看对方一眼。知道有另外一个人也听懂了恶言恶语其实很安慰。我们都是了解洁白世界里非裔美国人尴尬境地的人。

有一天，埃里克被凯文·麦肯齐叫去谈论他的发型。

埃里克从凯文的办公室回来后，拍了拍我的肩膀，我们赶紧一块儿走到外面去。

“他想让我留长发。”

我俩哄堂大笑，笑到眼泪出来，笑到肚子疼。

埃里克尽全力向凯文解释，他要是留长发，头发不会长长，而是会“炸开”。我们都笑了，因为我们知道，如果他留长发，肯定会变成一个巨大的爆炸头。在芭蕾舞剧18世纪的背景下，留短发总比看起来像80年代在《灵魂列车》[1]上表演的杰克逊五兄弟成员好吧。

虽然现实残酷，我们不断被人误解，但我们还是能苦中作乐。这很累。作为黑人，我们必须小心翼翼，战战兢兢，摆脱那些有意无意的侮辱。这就像另一场舞蹈表演，确保周围的白人从来不觉得内疚或不舒服。

身边的舞者既是我的朋友，也是我的竞争对手，我感觉前所未有的孤单。但渐渐地，我的生命中出现了几位女性。我承受不住时，她们成了我有力的依靠。

第一位女性是我加入舞团后第一位真正意义上的导师，维多利亚·罗威尔（Victoria Rowell）。她曾是芭蕾舞演员，后转型为女演员，仍继续与美国芭蕾舞剧院合作。

---

① 灵魂列车（Soul Train），著名颁奖节目。

罗威尔的童年在寄养中度过，经历了很多苦难。长大后，她加入了美国芭蕾舞剧院舞团工作室，后来转行做模特和演戏。她出现在许多电视节目和电影里，其中最受认可的是她在电视剧《都市男女》中扮演的德卢西亚·巴贝尔（Drusilla Barber）。

美国芭蕾舞剧院曾多次到好莱坞演出。一天晚上，我筋疲力尽地走下舞台，发现公告板上有一张写着我名字的字条。

字条上写着："请给我打电话。"署名维多利亚·罗威尔。名字下面是她的电话号码。我当然知道她，我很惊奇她竟然能找到我。

身在好莱坞，我离妈妈的公寓只有一小时左右的车程。但仍感觉隔着整个世界。虽然我知道他们尝试过理解我，但我也相信他们不可能真正理解我所承受的压力。我晚熟的身体突然开始发育了，而我还在和体重抗争。我逼自己扛过艰苦的训练，同时还要试图平息满脑子的自我怀疑。我的处境也有点尴尬。在美国芭蕾舞剧院跳舞，成为职业芭蕾舞演员，在纽约市生活，是我的梦想。为了追求这个梦想，我差点离家出走。而现在，梦想已经实现了。我还有什么好抱怨的？况且妈妈从来不曾这么骄傲，这么热情洋溢。我不想让她失望。

因此，我接受了维多利亚的邀请。我给她打电话，她邀请我去拜访，并派车接我去了她位于好莱坞山庄的漂亮的房子。我猜，她的孩子已经睡熟了。维多利亚和我几乎聊了一整晚。

我眼前是一位美丽的、成功的黑人妇女，一个在竞争残酷的好莱坞里奋斗，并蓬勃发展的芭蕾舞演员。我记得当时我心里想："确实有人值得我学习。"她是第一个用自己成长的经历、成长中的挑战庇护成年米斯蒂的人。多年来，我们时常交流聊天，通常是通过电话，有时通过一顿丰盛的午餐或晚餐。时至今日，她依然是我生命中的天使。

我的另一位导师是一位非裔妇女，她是美国芭蕾舞剧院的董事会成员。

苏珊·费尔斯·希尔（Susan Fales-Hill）是“五月花”号[①]的后裔，相当于黑人皇室成员。她是百老汇歌手约瑟芬·普利麦斯（Josephine Premice）和蒂莫西·费尔斯（Timothy Fales）的黑白混血女儿，是新英格兰家庭的后裔，这个家族的根源可追溯至普利茅斯岩石[②]。费尔斯·希尔是社交名媛，举止优雅，光彩照人，血统优良。她是那种每个慈善晚会都必须邀请的女性。她和银行家丈夫及女儿住在奢华的上东区。但是，苏珊散发出的魅力不是继承而来的，完全是源自她自己。她毕业于哈佛，是一个出版作家，曾担任《天才老爹》的编剧。

她很有洞察力。苏珊看得出来，我有些动摇，怀疑自己在美国芭蕾舞剧院主团的意义。一天，她把我拉到一边聊了一会。

“你知道吗，董事会很多成员都在谈论你，”她带着温暖的微笑说，“他们觉得你是团里最有前途的舞蹈演员之一。你的前途无可限量。我也这么想。”

苏珊最后成了我的资助人，成为那些在幕后为舞者提供一切所需——从紧身衣到旅行费的人。这是一种美好的、持续的馈赠。但我最珍惜的是她安慰我的话，她能看到并感受我的痛苦，她愿意与我分享自己以及其他董事会成员的赞赏，鼓励我。她让我觉得自己在美国芭蕾舞剧院至关重要。她给了我不断进取的动力，让我继续等待，直到机会

① “五月花”号：17世纪，英国移民驶往北美最著名的船只。1620年9月6日，该船载有102名清教徒由英国普利茅斯出发，在北美大陆建立了第一块殖民地，并在船上制定了《五月花公约》。“五月花”号的后裔就是指那批清教徒的后代。

② 普利茅斯岩石：传说中美国第一批移民至美洲登陆处。

来临。

* * * * * *

尽管我和埃里克以及其他在美国芭蕾舞剧院昙花一现的黑人舞者关系亲密，尽管我有苏珊·费尔斯·希尔和维多利亚·罗威尔这样优秀的人生导师，我依然时常感到孤独和沮丧。我每天投入八小时，练到筋疲力尽，但是我越努力，就越觉得自己在原地踏步。

而事实是残酷的，因为我是黑人，我还没有被完全接纳。即使我线条优雅，动作流畅，凯文和舞团其他领导依然认为我不能胜任其他经典角色。

我巴兰钦一般的体态一去不复返。在同僚的压力下，我几近崩溃。我认为身边没人能指引我。我家里的老师，不管是辛迪、黛安，还是伊丽莎白，都不曾在美国芭蕾舞剧院这种层次的舞团跳过。我不再是小地方的大人物了，我在下沉。

我开始考虑离开这里。

我大致想过跳槽到纽约市芭蕾舞团，那是巴兰钦创办的舞团。我偶然认识这个团里的一名舞者，她愿意与舞团总监彼得·马丁斯（Peter Martins）聊聊，推荐他来看我的表演。我告诉她，我不胜感激。

我甚至认真考虑过，要表现出我在美国芭蕾舞剧院感到多么绝望，多么多余。纽约城市芭蕾舞团是我十五岁赢得聚光灯奖后唯一一个拒绝让我参加暑期集训的舞团。在这里，伟大的爱莎·艾什迟迟不能从群舞团升迁，渐渐憔悴潦倒，最终选择离开，加入洛杉矶舞团。在这里，黑人女演员从没当上过独舞，更别说是首席。

显然，我这是病急乱投医。

2004年的夏天，我有了第二个选择。这一个更加具有吸引力。那时，我认真考虑过这个选择。

亚瑟·米切尔是第一家非洲裔古典芭蕾舞团哈莱姆舞蹈剧院的传奇创始人。

他是纽约城市芭蕾舞团的第一个黑人舞者，也是这里十五年来唯一一名非裔表演者。在那段时间里，他成了首席，跳过《仲夏夜之梦》《胡桃夹子》与《阿贡》。《阿贡》中的双人舞是巴兰钦亲自为他和芭蕾舞演员戴安娜·亚当斯（Diana Adams）编排的。

马丁·路德·金（Martin Luther King）于1968年遇刺身亡后，米切尔回到家乡哈莱姆，想要把他深爱的这种艺术形式传达给当地的孩子。一年后，他在教堂地下室创办了哈莱姆舞蹈剧院。

我赢得聚光灯奖的那年，哈莱姆舞蹈剧院为我提供了参加暑期集训的奖学金。几年后，我搬到纽约，加入美国芭蕾舞剧院。我的朋友埃里克·安德伍德告诉我，亚瑟想见我。

我们两个去了哈莱姆舞蹈剧院的曼哈顿工作室，和舞团一起上课。

芭蕾的一个好处是，全世界的芭蕾基础课都是一样的：把杆动作、中心动作，跟着慢板缓慢移动，跟着快板轻盈舞动。在哈莱姆舞蹈剧院，埃里克和我跳了一段任何专业舞蹈班都会跳的复杂组合。接着，我上了另一堂课，双人舞。

亚瑟，温柔而不失威严，在观察我。后来我在日记里记下了他对我的赞美。

“他大肆称赞了我的舞蹈和他的舞团。”我潦草地写道，“他提醒我：‘美籍非裔芭蕾舞演员是特别的存在。’（他）说，‘不要让他们打败

你。走进房间时，心里要想着我是最棒的。肩膀往后靠，挺胸抬头。他们的态度会完全改变。’

我要永远记住这段话。走进房间时，要知道你不是无名小卒，你是特别的。永远不要让他们打垮你，把你拉下来。”

几周后，我再次去了哈莱姆舞蹈剧院的工作室，上了另一节课。在艺术领域顶端的人，无论男女，都散发着同样高的期待，同样强烈的光芒。但是，要知道你之所以引人注目不是因为你的外貌，而是因为你的舞蹈，这是一件令人欣慰的事。后来，亚瑟想和我谈谈。

他给了我一份独舞合同。他想我成为他的格尔塞。

亚瑟还跟我讲了他第一次看我跳舞的场景。

“他说，几年前在医院，他在电视上看到这个女孩，”我在日记中写道，“她坐在那里，充满自信，闪闪发光。他说：‘天生的芭蕾舞演员。’”

但他说，看看现在的我，看得出美国芭蕾舞剧院耗尽了我的热情，熄灭了我身上令他着迷的火花。

“美国芭蕾舞剧院把它夺走了，”我在日记中写道，“我要把它找回来。在剧院里，我必须时刻充满自信。”

我知道亚瑟说得没错。一直以来，我在舞台上都是生机勃勃的。而现在，我有了精湛的技巧，却失去了那团让我仅用四年就从男孩女孩俱乐部一跃进入大都会歌剧院的火花。

他告诉我，我可以找回来，那种精神是黑人与生俱来的。“你生来就有，”他说，“不是后天学会的。”

我觉得哈莱姆舞蹈剧院可能就是答案：在这里，我能凭借舞蹈而不是肤色引人注目，这会轻松很多。最后，我会在我喜欢的古典芭蕾舞剧里领舞：《吉赛尔》《西尔维亚》《灰姑娘》。

我想离开美国芭蕾舞剧院投入亚瑟·米切尔的怀抱。为什么不？我非常钦佩他，珍视他的鼓励。哈莱姆舞蹈剧院是一个传奇舞团，这里人才济济。而且我再也不用奋斗了。我能跳我喜欢的经典角色：琪蒂、克拉拉、欧若拉。听到正面评价真的很爽，终于不用理会那些围绕在我身边的说不出口的批评。

然后我想到了我的母亲。

我意识到，成长路上我在她身上看到的那种力量，那种不被独自抚养孩子的恐惧绑架的勇气，已经没有了。当年的西尔维亚·德拉·塞尔纳总是在不断地搬迁，兄弟姐妹和我仅仅抓着她的衬衣下摆。现在，我即将步入她的后尘。我被吓坏了。

很多问题都不能通过逃避来解决。逃避可能会让你暂时缓口气，如释重负地长叹一声。然而，回过头来，我们总是发现自己陷入了更加不利的境地，并逼我们仔细思考我们做了什么，为什么这么做，要怎么弥补。

几天后，我给亚瑟打电话。我告诉他我很感激，但我不能接受他的邀请。

那年晚些时候，哈莱姆舞蹈剧院因财务问题关闭。主团表演沉寂了近十年。

* * * * * *

另一篇日记里，我提到了米切尔先生的邀请。我下定决心结束沉思。

“我必须回去，告诉他们我有多么优秀。”我写道。“他们”指的是凯文·麦肯齐和其他顶级教练。

在考虑亚瑟的邀请时，我已经感觉到自己真的非常想在美国芭蕾舞剧院取得成功。我怎么能放弃，怎么能逃跑，即使需要付出其他人十倍的努力我也愿意，因为我知道自己尽力了。我努力拼搏了这么久，怎么能放弃成为美国芭蕾舞剧院首席的梦想。我知道我会一直坚持自己的立场，无论有没有回报。

但我必须控制怀疑的触角，控制脑海里的声音，避免它在黑暗中滋长。

妈妈一直担心我为了梦想放弃童年。有时我会想，她说的对不对。

# 第十章

# 除了芭蕾，还有生活

“如果这样做能为芭蕾世界的黑人女性打开一扇门，那它对我来说意义重大。”

每当我痛苦挣扎，觉得自己又丑又胖、无依无靠、孤苦伶仃时，家门外的避难所总能让我缓过气来。

毕竟，这里是纽约。

没错，我身边环绕着一群充满活力，事业有成的黑人女性、导师和朋友，比如维多利亚·罗威尔、苏珊·费尔斯·希尔和雷文·威尔金森。她们帮助我领会更具女人味的一面，提醒我，我的族裔特征是多么美好，即使有些人看不到。

但是，一走上纽约的大街，我总是瞬间被陌生的人群包围和鼓舞，这些人和我一样，有着古铜色的皮肤和壮硕的身躯。

在那里，在芭蕾以外的世界，人们欣赏我的身体曲线，根本不在乎我是否需要减肥。

搬到纽约后，我必须适应两种完全不同的生活步调，一种来自美国芭蕾舞剧院高墙之后，另一种来自门外城市的街道。

我用了很长时间才适应曼哈顿快节奏的生活。你还来不及找个护脚霜广告或者地铁线路图集中视线，来避免盯着拉吊环的陌生人看，身后的地铁门刚好已经关上了。也许我不会立刻暴露，但我直勾勾盯着别人的傻样肯定会让别人觉得我是游客，就像我穿了一件印着“打我呀，我是加州来的”的衣服一样。

记得第一年参加美国芭蕾舞剧院的暑期集训期间，我也坐了火车。车上很挤，还特别热。狐臭、焚香和香水味混在一起，让我头晕眼花。我很焦虑，夹在陌生人之间，有时感觉有手在我身上乱摸。

第一年夏天，我缩在街角，无助地寻找那个能把信号灯瞬间由红变绿的魔法按钮。我在路旁等着灯变色，一拨又一拨横穿马路的人经过我的身边，穿梭在飞驰的车流中，他们知道等信号灯还不如冲过去。

虽然抵挡不住纽约市的勇气和疯狂的节奏，它依然是我的救命稻草。刚到美国芭蕾舞剧院的那几个月，每当我觉得不开心、难为情或是孤独时，纽约是我唯一可以依靠的东西。我对此很感激。即使电力是纽约的脉搏，但它依然亲切，始终不变。

一走出美国芭蕾舞剧院位于百老汇的工作室，我就觉得自己焕然重生。像这样融入群体，不鹤立鸡群也挺好的。尽管我很喜欢也很欣赏我的同事，但能走出工作室，走进普通人群中也不错。周围的人不是芭蕾舞演员，有不同的人生经历。他们的生活不由私训课和纠结的父母界定，活出了自己的深度和广度。

成为芭蕾舞演员逐渐占据了我身份的全部。我不禁开始担心，如果没有成功，我会怎么样，我会是谁。

站在纽约最拥挤的街道上，戴上耳机，感到自己很独立，掌握着自己的命运。

但我还需要适应很多东西。

我习惯了南加州的干旱气候，白天温暖干燥，夜晚凉爽，偶尔有微风。在纽约的第一个夏天，炎热和潮湿像毯子一样紧紧裹住我，消耗我的精力。

放弃加州慢节奏的生活，放弃悠闲的海边装束，融入纽约的节奏，对我来说真的很难。在加州，天气暖和的时候我总是穿着人字拖。但在纽约街道随处可见的臭水坑面前，我穿着凉鞋的脚完全不是对手。我不得不在城市里跳起小快板，跳过脏兮兮的水坑，回家后还得清理脚上的泥土。

* * * * * *

我的住处也和我加州的“家”：套间、汽车旅馆房间、独栋公寓大相径庭。搬出伊莎贝尔·布朗的高级住宅后，我住在上西城，从那以后，我一直一个人住。

首先，以前我从来不需要为了阻挡外人闯入在窗户上装电子屏，不管是昆虫还是人，即使是在“日落旅馆”我也没这么做过。

我和我的朋友管我的第一个个人公寓叫“地牢”。纽约是个生活成本贵得惊人的城市，它的其中一个怪异之处在于，一般来说，要想住一间有窗有自然光的公寓，你就得多付租金，可是这些在以前我觉得都是基本配置，不管房子多么寒碜都不例外。我赚不了几个钱，因此也加入了纽约不见光公寓住户的大军。

房间里有两扇被木条封住的窗户，窗外十几厘米远就是一面墙。我有一张高架床，挂在餐桌上方，而餐桌实际上是我在宜家买的儿童手工绘画桌。如果在床上坐起来，头就会“砰”地撞上天花板。通往厨房的过道非常狭窄，厨房里的迷你冰箱是宿舍里才会用的那种。但我喜欢眼前的一切，因为这是属于我的。

我也喜欢公寓里的蟑螂，个头出奇地大。从小到大，只有住在某些贫困混乱的街区时家里才会有蟑螂，每次都把我吓得半死。而现在，我明明住在富裕舒适的街区，家里却依然有老鼠和虫子的身影，这实在让我感到既可怕又不可思议。和以前一样，我很少待在家里。外面的世界很精彩，有太多值得关注、值得经历的东西。我步行的时间比以往多得多了。在外面，从早到晚，我必须一路应付扑面而来的调笑。

“哟，小妞，最近忙啥呢?”

“嘿！三围多少？报一下啊!”

起初，这些人让我很不安。独自一人生活在城市里，面对陌生男人不怀好意的目光，我总是很害怕。

但过了一段时间，我开始意识到，他们大多没有恶意，且心地善良。如果你态度傲慢，别人会觉得你小题大做。但如果你微笑回应，或是说一句“你好”，这些调笑将会止于调笑，以一句“祝你度过愉快的一天”结束。

后来，有些关注实际上让我感觉很好。在纽约街头，我不算胖。我身材理想，引人注目。事实上，我的外表——黑发，棕色皮肤，曲线玲珑——完美地融入了这座城市的彩虹中。

似乎每个人都觉得我是他们中的一员——非裔美国人、波多黎各人、多米尼加人，甚至东印度人。我喜欢看肤色不同、口音不同、背景不同的人混在纽约街头，相亲相爱。也许，和纤细的白种舞者在一起，我显得格格不入，可是在外面，在街道上，她们才是格格不入的那一批。

蕾拉是我最重要的跑步的伙伴，我们睁大眼睛，像个外国游客似的探索这座城市。最初去哈莱姆舞蹈剧院的那几次，我和她在一起。我们吃了亚萨鸡，一道散发柠檬香味的菜，是塞内加尔的主食；在小贩那里买香，沿着马尔科姆·X[①]（Malcolm X）和亚当·克莱顿·鲍威尔[②]（Adam Clayton Powell）演讲的街道漫步。

我记得我们去市中心看《全额支付》。我很欣赏《天鹅湖》里的高音歌剧，但我成长在放克、摇滚和灵魂乐的环境中。我也喜欢所有嘻哈音乐。我甚至认为《全额支付》不逊色于任何百老汇125号大街上上演的戏剧。

去哈莱姆舞蹈剧院参观的路上，我觉得很惬意。有一次，我甚至在郊区把头发编成发辫，回到市中心的美国芭蕾舞剧院后，我还自豪地跟大家炫耀我的辫子。

我对布鲁克林提不起什么兴趣。

*为什么要离开曼哈顿？*我心想。

蕾拉不得不把我拖过去。抛开其他自治区不算，布鲁克林本身，也是美国最大的城市之一。这里有自己独特的味道，有人挤人的西印度餐馆，也有皇冠高地上的哈西德派商店，还有公园坡上肃穆的赤褐色豪宅。但布鲁克林从来不能像曼哈顿那样抓住我的心。长大后，蕾拉开始喜欢布鲁克林啤酒花园里的悠闲氛围，而我更偏爱河对岸的快节奏。

每到周末，到了休息日，我们都会溜达到城市的另一个角落。我们会沿着苏荷区的鹅卵石道逛街。或者，去中央公园，漫步几个小时。我经常自己去那里发呆，这习惯贯穿了整个夏天，延续到秋末，我喜欢在那儿听音乐，在日记里记下我的沉思。

一次在公园里，一辆巡逻车把我和蕾拉拦了下来，他们以为我们是

---

① 马尔科姆·X（1925—1965），伊斯兰教士，美国黑人民权运动领导者之一。

② 亚当·克莱顿·鲍威尔（1908—1972），美国第一位非裔议员。

逃课的学生。我们解释说我们是美国芭蕾舞剧院的演员，为了证明身份，还给他们看了大都会歌剧院工作证。

我喜欢趁休息日里在折扣票亭排队买到几乎所有我想看的百老汇音乐剧的票。走过艺术画廊和雕塑花园，我总感觉晦涩难懂，觉得自己很俗。

我也喜欢街头集市上的波西米亚的味道，夏日里，这味道无处不在，在上西城尤为明显。我能在这里逛上好几个小时，啃烤羊肉串、玉米棒，喝柠檬水。

等到第一年的尾声，我已经深深地爱上了这座城市。

有时我会跟着美国芭蕾舞剧院离开这里几个星期，可不管我们去的地方多么有趣，多么有异域特色，我总是惦记着回"城里"。我总觉得，我不在的时候，纽约一直在成长，在发展，我不在的时候错过了很多。二十一岁为我开启了纽约市的另一面。我可以整夜流连在城里的豪华酒吧，偶尔来一杯葡萄酒。蕾拉和我开始每个周末都出去跳舞，我们最喜欢的地方一直是莲花酒吧。

这里位于纽约市肉库区的核心地带。以前因异装癖妓女和屠宰场而闻名，这里的鹅卵石街道现在还能闻到腐肉的味道。2000年，周围的人把这里改造成曼哈顿最独特的潮流角落，莲花酒吧是这一区里闪闪发光的灯塔。每天晚上，这里会聚了名人、年轻的专业人士，以及各种潮人。蕾拉和我会去这儿跳舞，直到凌晨。在这里，我们不用做小跳或阿拉贝斯克，不用担心我的"身体线条"和技术动作。这里只有汗津津的，肆无忌惮的抖胯。与纽约市的青年才俊聚在一起，我们既兴奋，又晕眩。

让我现在看上去很疯狂

你的爱让我现在看上去很疯狂

你的爱

让我现在看上去很疯狂　你的触摸

让我现在看上去很疯狂

你的触摸

让我希望你现在就打给我　你的吻

让我希望你现在就救我

你的爱让我看上去如此疯狂

让我看上去如此疯狂①

有人拍了拍我的肩膀。

“迪格斯先生邀请您加入他那桌。”

泰雅·迪格斯（Taye Diggs），《伴郎》和《私人诊所》里的主演，正坐在莲花酒吧的贵宾区。我走过去。原来他邀请我过去是想介绍他的表弟，奥卢，当时在纽约的律师事务所做暑期实习。

奥卢有着焦糖色肤色，温柔帅气，后来成了我的第一任男朋友。他说他观察了我一整晚。后来我才知道，那天他告诉泰雅和在场的朋友，有一天我会成为他的妻子。

音乐声太嘈杂，我们必须紧紧靠在一起冲着对方的耳朵说悄悄话才能听清楚。我们之间的联系非常直接。他的父亲是黑人，母亲是犹太人，我们都是混血儿。这是他回亚特兰大前的最后一晚，他在亚特兰大

① 出自碧昂斯·赛吉尔·诺斯的歌曲《疯狂的爱》。

的埃默里大学法学院就读。他还有一年才毕业。

我给了他电话号码。三个月后他再次来到纽约，在此之前我们每天聊电话，发短信。我们开始了异地恋，他每个月都来一趟纽约，这一年来都是如此，直到最后他搬到曼哈顿来开始他的律师职业生涯。

奥卢从小就是个鱼类素食者。他健身锻炼，身材匀称，但并不特别在意体重或外观。我们开始约会后，我总是向他诉说我的失望，我的恐惧。他巧妙地选择合适的语言安慰我，指引我。

他让这一切显得那么容易。“今晚吃鱼，别吃牛肉了。”他会说，“伸展，放下负担。”他告诉我，我只需要改变一下这里，增强一下那里，就能回到我想要的状态。

“美国芭蕾舞剧院依然为你兴奋。”他向我保证，“他们看到了你身上的潜力。你只需要克服这一点点困难。”

我知道他觉得我很美，在任何情况下都很美。我感到身上的压力不再那么铺天盖地。

我很羡慕奥卢的那种面容和自信，这些，除了在舞台上的时候，我在自己身上看不到一丁点。他把帮助我改变，帮助我学习建立舞蹈之外的交流作为他的使命。是奥卢帮我意识到，我并不需要逃离美国芭蕾舞剧院加入哈莱姆舞蹈剧院。他坚信我能凭借自己的天赋实现梦想，在这里成为独舞和首席。

但是，我必须学会提出要求。

替自己说话，我总是很紧张。我不想得罪别人，也不想被拒绝或被误解。在我看来，每一次鼓起勇气发出自己的声音——我和辛迪一起住的时候，我加入美国芭蕾舞剧院芭蕾舞团工作室的时候——苗头稍有不对，我立马就会变成缩头乌龟。但奥卢告诉我，我需要另辟蹊径，不能只是对自己感到抱歉，我要去战斗。在黑人群体中有一句老话，我们必须十倍优秀才能获得同样的对待。我把这句话铭记在心。我必须达到有目共睹的卓越。但我也必须让美国芭蕾舞剧院知道我在做什么。

我的男朋友，未来的律师，决定和我一起排练陈述。我们在他上东区的小公寓演习。他是一个很好的监工，给我时间整理思路，记笔记，写清楚想说的要点。然后他会走进房间，假装自己是凯文。

“我想要升职。”我照着便笺念道，嘴唇都在颤抖，“我想成为古典舞蹈演员。我在团里是尖子，我可以胜任这些角色。我愿意为舞团奉献一切。我很感谢你给我的机会，希望你能相信我，支持我。”

“但你在现代舞上表现得很出色，”奥卢会说，假装自己是凯文，“你在《宫》中的演出非常亮眼。有现代编舞想为你创作剧目。为什么不专注在这些方面?”

“我知道现代舞是我的强项，”我回应道，声音越发坚定，“但我想成为一名芭蕾舞演员。”

一开始，这非常难。我纠结我的语言，尽力表达自己的观点，而不是照着纸片读。我不想辜负奥卢，也不想在他面前表露这种尴尬的缺点。

回想起来，我认为释放自己的情绪也很可怕。除了芭蕾，很少有事情能激发我的激情。我不自觉地害怕，告诉别人芭蕾对我有多么重要，我是多么需要它，可能会击溃我的情绪大坝，把我推向其他次要的东西，给我造成痛苦。比如不断迁徙的童年，比如妈妈的历任男友和丈夫给我带来的尴尬，比如被迫离开辛迪给我造成的久久不能释怀的创伤。

但奥卢很有耐心，也很支持我。

“你做得到的，”他温柔地说，“他们选了你。你只是在提醒他们你的能力。”

无论是与舞团总监的会面，还是《天鹅湖》的表演，排练总能帮助我找到自信，赶走眼泪和紧张，留下成功的必备要素。

我也开始认识到，尽管我等得不耐烦，美国芭蕾舞剧院实际上已经承认了我的天赋。我在这里，在这个声名显赫的舞团占有一席之地，已经是万中无一的机会。长远来看，一想到在很长一段时间里可能都不会有另一个有色人种的女性站上我的位置，我就觉得很可怕。

慢慢地，挫伤我自信心的浓雾开始消散。我跟凯文约了谈话。

平时，我好几天都见不到他一面。身为高管兼创意总监，凯文忙于处理美国芭蕾舞剧院的各项事务，奔波于一场又一场的会议中。不过，他还是会监督主要角色的排练。首场演出临近时，他还会来监督全团的联排。偶尔，在准备重要角色期间，我会和凯文进行私人排练。

除此之外，他难以捉摸，像是一个影子，所有的舞者都知道他在那儿，密切关注着每一个人的表现。

我去了凯文的办公室。终于，到了为自己争取利益的时刻。

“我知道现代舞是我的强项，很多芭蕾舞者达不到我的程度。”我告诉他，“但是，受训成为古典舞演员，这才是我真正想做的事情。”

“我很高兴你这么说，”凯文说，“你的天赋能胜任两者。”

就是这样。

不久之后，生活重新开始。我开始获得新的认可。

刚进群舞团的那几个月，我不知所措，不只因为身体上的剧烈变化，或是别人对我肤色的偶尔的负面反应，更因为我感受到同事和朋友之间的激烈竞争。

但是，我现在意识到，凯文给了我一架无形的梯子，给了我一个又一个机会让我靠近那个我渴望已久的铜环。

艺术总监的角色非常复杂，既是创作的主力军，同时也是管理人员。为了舞团的发展壮大，他们必须思想开放，敢于冒险，而同时他们又必须忠于舞团的历史和舞团的意义。他们必须决定，哪些舞者能带领舞团前进，能吸引观众，同时他们还要走进工作室，给予每个成长中的舞团成员动力。

凯文随时都有可能通知解雇演员。他可以头一天表扬你的演出，紧接着第二天就会为了下一场演出严厉地批评你。

他看着我一路成长，我们的关系也慢慢变化。最初，他在我眼里是个权威人物，我非常尊重他，也极力地想讨好他。然后，他成了我的导师，给予我指导和鼓励。而现在，十多年过去了，我视他为同僚，是我可以倾诉的对象，以成年人对成年人的方式，以舞者对舞者的方式。

回过头来，看我走过的每一步，他培养了我，一直看到我的天赋和潜力，无论起落。

比如，2002年，我的背伤刚刚痊愈，回到公司仅仅几个月后，凯文让我在世界上最负盛名的舞蹈赛事中代表美国芭蕾舞剧院出战。

格蕾丝王妃基金会为舞蹈、影视、剧院中的优秀年轻人才颁发奖学金和安排学徒训练。每年，凯文提名一位青年舞蹈演员参加角逐。那年，凯文选了我。

我整整一年没有训练，回来后立刻被选为美国芭蕾舞剧院的代表，这就像领舞在每场演出结束后收到的那束花：这份礼物让我知道凯文和舞团仍相信我的能力。这也是让生活重新走上正轨的契机，不必浪费时间担心离开芭蕾太久，因为我现在已经开始行动了。

我与凯文一起为比赛排练了一个月。我会跳巴兰钦的著名作品

《塔兰泰拉》。作品中的双人舞热情洋溢、轻快有趣、娇艳妩媚。这是巴兰钦在1964年为纽约城市芭蕾舞团首席舞者爱德华·费拉（Edward Villella）创作的。

我和老朋友克雷格·萨丝汀（Craig Salstein）搭档。他是我在美国芭蕾舞剧院的暑期集训期间的第一个舞伴，后来我们一起进入芭蕾舞团工作室。他在我一年之后加入了舞团主团。我们从《吉赛尔》开始搭档跳农夫双人舞——当时我们都是群舞团的成员。

克雷格在迈阿密长大，与爱德华·费拉是老相识。巴兰钦为费拉创作了《塔兰泰拉》，后来他成为了迈阿密市芭蕾舞团的艺术总监。克雷格的很多训练都是和爱德华一起做的。他后来成了美国芭蕾舞剧院的独舞，和我一样。

《塔兰泰拉》，就像它的创造者巴兰钦一样，风格诡谲，而又令人眼花缭乱。它拓展了古典芭蕾世界的边界。整个剧充满矛盾，既有大跳，也有快节奏的足尖变化。我做了无数个等距分腿，快速移动脚尖，从收紧的四位，到打开的二位，以及一些不熟悉芭蕾的观众看着可能觉得很滑稽的舞步。我先从立着足尖的等距分腿开始，双脚叉开，从东点到西，然后接二位。接着，我会做一次蹲，依然立着足尖，微微倾斜我的脑袋。这个动作造成了失去平衡的效果，滑稽有趣，通常很少在经典式的古典芭蕾中见到。克雷格和我各带了一个铃鼓，既可以摇铃，也可以用手指和脚趾敲打。

我还准备了《堂吉诃德》里的花童片段。作为一名芭蕾舞演员，很难选出最爱的一段芭蕾。这就好比在说，比起这个孩子，你更喜欢另一个。你可能真的觉得，儿子比女儿更搭调，但是，把这种感觉大声说出来感觉就像是背叛、侮辱对方。不过，我必须说，《堂吉诃德》在我的心里一直占有一个特殊的位置。这是我在辛迪学校时表演的第一个完整剧目。我从《堂吉诃德》片段发迹，凭借这段表演赢得了洛杉矶聚光灯奖。而现在，在这里，再一次，我将在格蕾丝王妃奖上跳《堂吉诃德》。

美国芭蕾舞剧院为我的两场表演录了像，我发挥了全部实力。然后，我们把录像带送到格蕾丝王妃基金会等待评判。

我没有赢。但我依然觉得自己胜利了。通过竞争，我实现了又一具有里程碑意义的成就，同时增强了凯文对我的信任。

芭蕾一直是根植于我灵魂深处的东西。而随着作为女性的米斯蒂逐渐成长和成熟，我的舞蹈也更加成熟。

也许是因为我重拾了自信，知道自己能从伤害中自愈。也许，是认识到这个出生圣佩德罗的胆小女孩可以凭借一己之力在纽约市的混战中茁壮成长。也许，是知道尽管我会因观众偶尔嘲弄我焦糖般的肤色而失落，但我会重整旗鼓，不屈不挠，坚持自己的立场。

不管动机如何，我只知道，一天醒来的时候，我做了我人生中最重要也最冲动的决定：我想见见我的亲生父亲。

我从来不曾想念他。从我记事起，就是哈罗德陪着我。而且，哈罗德一直是一个慈爱的好爸爸，尽他所能地对我好，除了那个让他和我母亲分开的缺陷。我甚至和布莱恩保持联系，尽管他对待我的母亲、兄弟，尤其是我心爱的小妹妹林赛的方式恶化了他在我回忆中的形象。但是，我突然萌发了对亲生父亲的好奇，现在我已经准备好采取行动。

从小到大，我们对为什么突然有一天，妈妈带着小道格、克里斯、埃里卡和我，跳上灰狗长途巴士去了加州，只有非常模糊的概念。我们知道妈妈说她一直不开心，而且妈妈一直以来总是逃往异地重新开始，很难想明白最初促使她这么做的原因是什么，又或许这次逃离的原因和其他几次有什么不同。

所以，妈妈从来没有谈起过我们的父亲，我们也从来不问。我也从来没见过他的照片。

不知怎的，我明白他并非自愿选择离开我们的生活。相反，我们这群孩子觉得，也可能只是直觉，是妈妈不想让我们接触他。所以，我们也没有找过他。毕竟，柯普兰一家是一个部落，而妈妈是部落的中心。从一路走来的点点滴滴，我们知道她的童年非常坎坷，生活非常艰难。我想保护她。

但小道格高中毕业后，他决定，想找到这个他承袭了名字的人。

道格一向很独立，也一直对自己的根源、文化和家族很感兴趣。他小时候喜欢追着一簇棉花，试着体验先人们采棉花的经验。现在这个刨根问底的男孩，想见见这个没有他就不会有自己的人。

他估摸着，我们的父亲可能还在堪萨斯城。他是对的。那时我才十六岁，正享受回家的好时光，享受和妈妈待在舒适的公寓里。我喜欢我在劳瑞森舞蹈中心的学习生活，喜欢和新朋友出去玩，喜欢忙得晕头转向的暑期，先是在旧金山，然后是在纽约。我满脑子都是芭蕾。

“米斯蒂，”一天下午道格告诉我，那时我们一起坐在厨房里，他刚从大学回来，“我找到我们老爸了。”

“老爸?”我问他，很迷茫。“哈罗德离这儿只有几公里远。”他在说什么啊?

“是啊!”道格兴奋地继续说道，“他还住在堪萨斯城里。我查到他了，我们还通了电话。等我攒够了钱，我要去看他。”

一切都豁然开朗了。“哦，”我说，“那太好了!”看到道格这么兴高采烈，我很高兴。但，我并不是很感兴趣。

当然，妈妈对道格的搜寻一无所知。但现在，他已经找到了我们的爸爸，道格没有保守秘密。毕竟，他已经长大了，因此我猜妈妈不得不接受了这个现实。最终，道格还是飞去看望了我们的父亲，回来时他带了一大捆照片，详细讲述了我们错过的时光。

老道格和小道格长得很像，都是古铜色皮肤，而且强壮有力。显然，我们的父亲年轻时是个伟大的运动员，我们都觉得，克里斯和道格肯定就是从他这里继承了天赋，才能在篮球场和棒球场上大显身手。我想，自己也继承了他的身体结构，比起妈妈轻盈的框架，我多了不少肌肉。

听小道格讲父亲的故事真的很有趣。但我们其他人都忙着自己眼前的生活，无暇与一个我们根本不认识的人相认，找回生活中缺失的那个部分。埃里卡和她的高中恋人住在一起，共同抚养美丽的女儿玛丽亚。克里斯正集中精力好好学习，准备考法学院。而我正逐步实现我在美国芭蕾舞剧院表演的梦想。

但在群舞团待了几年之后，我开始想多了解父亲一点。他说话的声音是怎样的？他想我们吗？他是怎么想他的女儿，这个芭蕾舞演员的？这些问题挤满了我的日记，上舞蹈班时在我脑海里萦绕不去，甚至跟着我穿过上西城的街道。

有一天，我拿起电话打给小道格。

“我想见见我们的爸爸。”我告诉他。

“好，”道格说，“一起订票吧。”

2004年8月20日，我见到了我的父亲。

一个周末，美国芭蕾舞剧院正好放假，小道格和我一起飞到堪萨斯城，我们在那儿待了一个星期。在那里，我还见了我的姑婆和一些表兄弟。

柯普兰家的孩子和哈罗德一家聚在一起度过了精彩喧闹的时光。我有很多不是亲人、胜似亲人的“家人”，从坎廷一家、我的教父教母，到芭比，甚至布莱恩的母亲，奶奶夏洛特，尽管她有点缺陷。

第一次感受到亲生祖父的姐姐身上的芬芳气息时，我就意识到，之前的那些与真正知道有一位长者和你流着相同的血液是不一样的。妈妈是被收养的，很大程度上靠自己的力量长大。所以，这是我离亲生祖父母最近的一次，我们的祖先是一样的。

我的父亲很贴心。第一次见面时，他害羞地跟我打招呼，然后把我抱在怀里。

他有很多故事，关于他在堪萨斯城度过的童年，关于他的德国母亲和非裔父亲。他告诉我，和妈妈初见时，她有多漂亮，他多么爱她，他有多么为我们四个孩子自豪。

他明明就在电话的另一端，一张机票就能见面，可过了这么长的时间，我从来没见过他，这太疯狂了。既疯狂，又有点忧伤。但是，我现在兴高采烈，我努力了，没有逃避我的好奇心，相反，我任由它带着我，回到了父亲的怀抱。

“我的嘴唇和他很像，”我在日记中兴奋地记录着，“我希望能继承他漂亮的淡褐色眼睛。那样我看起来一定很清新脱俗。”

“感觉就像一部分的自己被填满了。我真的很高兴！”

见到父亲后，我心中百感交集，但在所有这些复杂的情绪里，对妈妈的迁怒却不在其中。长大后，作为女人，我不得不独自面对和做出所有艰难的决定，这些经历帮我更好地理解她。我知道，妈妈在面对困难时常常选择逃避。

我也明白，我和她是不同的，道格也是，比起其他兄弟姐妹，我们更不一样。我们学会了反思。我们不想逃离。我们想了解情况，并为我所用，仔细观察，试图找出改善的方式。

我想起了我的那些旅行，以学徒的身份跟着美国芭蕾舞剧院去中国巡演，第一次和蕾拉一起乘船去墨西哥和牙买加，跟着舞团工作室一起去科德角。而我认为，我愿意放弃任何一次换一个留在堪萨斯城的机会，和我的父亲在一起。

相聚的时光很愉快，不过老爸也谈到一些痛苦的经历。他有个谈了很久的女朋友，黛比。自从妈妈离开他以后，他们常常约会。但他后来没有别的孩子。他告诉我哥哥，在远方，他已经有四个儿女，从没想过还要别的孩子。我知道，他一直很爱我们，想和我们联系。我母亲的离去和我们的消失让他备受打击。

第一眼看到他时，我其实被吓了一跳。比起照片，他好像缩小了，头发也已经花白，淡褐色的眼睛炯炯有神，但他和我在照片里看到的那个充满活力的人大不一样了。看小道格，就仿佛看到了父亲年轻时的样子，不过现在他已经老了。

虽然他不曾出现在我们成长的道路上，但我觉得他和我一样，为我们现如今的样子而感到骄傲。我很惊讶自己不仅撑过了混乱的童年，还阴差阳错地成了一名职业芭蕾舞演员，而我的兄弟姐妹们也这么优秀。

时至今日，回想起当时所处的情况，我也想不通我们是怎么做到的。对我和兄弟姐妹们来说，我们从亲生父亲身边被带走，然后离开了我们唯一真正了解的父亲哈罗德，和一个爱乱取绰号的男人住在一起，接着和家人朋友住进了黑帮出没的街区，与陌生人住在一起，最后，终于，我们在简陋的汽车旅馆安定下来。奇迹的是，我们没有一个人锒铛入狱，或是染上毒品。

相反，我们茁壮成长。克里斯最后来到了纽约，和我一起，不久前通过了纽约律师协会的考核。道格娶了他高中时的恋人——蕾文。她是个美丽的女性，我爱她就像爱姐姐一样。她是一名医生，道格在保险行业工作。他们仍然住在加州，正抚养我可爱的侄儿奥里昂。

我觉得，埃里卡的生活在很多方面比我们其他人都艰难。她是老大，在很多情况下，就像我们的妈妈一样。但她的一生非常伟大。她依然坚强、自信而独立。她和玛丽亚的父亲，杰夫，在一起已经有二十多年了，从他们十几岁时就开始。那时，他会开车穿城送我去辛迪的学校。

再来就是林赛。她原本是田径明星，通过奖学金进入了加州大学奇科分校。她和一个好男人订了婚，我会在她的婚礼上担任首席伴娘。卡梅隆，我们的小弟弟，在艺术上和我很像。他从来不是做运动员的料，不像克里斯和道格。相反，他是钢琴神童。他现在还在弹钢琴，同时还会表演、唱歌和作曲。

想到童年时，我没有怨言，但我确实对那些生活更加幸福却不知珍惜的人感到失望。在美国芭蕾舞剧院表演时，我有时无意中听到队友抱怨，抱怨老和家人去同一个度假胜地旅游，或其他一些无关痛痒的事情。那总让我火冒三丈。

我会想到自己经历过的一切，我摸摸索索找到方向，披荆斩棘克服困难才有机会站上大都会歌剧院的舞台。“这些人在抱怨个什么劲儿?”我气愤地想着。

不过，想到我熬过了这一切，我的兄弟姐妹们也渡过了难关，我心里更多的是感激。

十年后，我觉得自己仍然在努力去了解我爸，去弥补我们缺失的时光，去挑战不可能。但我们不会放弃。他与黛比已经从堪萨斯城搬到威斯康星州，我们经常见面。只要美国芭蕾舞剧院在那边有演出，他都会长途跋涉去看。

每个星期天早上十点，电话铃声准时响起。是我的爸爸给我打电话了。

* * * * * *

我不确定，和父亲见面，牵姑婆的手，与自我之前未发现的部分连接起来，是否激发了我身体内额外的能量。但我知道，结束堪萨斯城之行回到美国芭蕾舞剧院后，自己的状态就像增压的涡轮一样兴奋。我深受鼓舞且非常激动，就像第一次去辛迪的工作室看着整墙的镜子时一样，意识到终于找到了专属于自己的位置。

独舞合约突然在我的意识中出现。它不再是可望而不可即的海市蜃楼，它就在这里，触手可及。而且，我想得到它，不仅仅是为了自己。我知道，我会创造历史，一想到我会成为美国芭蕾舞剧院近二十年里第一个黑人女独舞，我就很兴奋，感到头晕目眩。我想说，这是我多年来的目标。这是一个原因。但我真的打心眼里开始觉得，这是有可能实现的。大家的期望激励了我。

“如果这样做能为芭蕾世界的黑人女性打开一扇门，那它对我来说意义重大。”我在随身携带的日记中写道，“这一切都是值得的。这才是我这么做的原因。不仅仅是为了自己的快乐和满足。每一个疲惫醒来的早晨，我都要铭记这一点，想想我能做的，不仅仅是为了我个人，更是为了其他人。”

我下定决心，要在下一年全神贯注地提高技巧，打磨表演。我一定要结束六年的群舞生涯。有时候，我觉得应该更快地结束这一切，我意识到很多，实际上是大多数演员，都不会成为独舞。独舞作为主要演员，距离首席只有一步之遥。我要拿到这个机会。

* * * * * *

美国芭蕾舞剧院和纽约市给了我很多东西。其中一件事的发生至今依然令我不解。

我七岁那年，一家人离开了哈罗德，搬去与布莱恩住在一起。从那时起，我开始患上严重的偏头痛。我试图通过吃药来控制。因为偏头痛，十六岁时，我错过了劳瑞森舞蹈中心甜蜜的生日派对，当时我不得不躺在黑暗的房间里，庆祝活动在没有我的情况下继续。真的太疼了，我经常不得不栽倒在床上，胃里不住地恶心，几乎没法睁眼。

搬到纽约时，我很害怕这些麻烦会影响我的表演和排练。

但高中毕业后，我在纽约安顿下来。我发现偏头痛消失了。

从那之后，我再没头痛过。

# 第十一章

# 与“王子”一起表演

我需要对舞蹈的每一个环节负责，从概念到实际的舞蹈动作，从开始萌芽到最终的一路繁花。

除了凯文，还有许多舞蹈家给予我指导和支持，比如伊莎贝尔·布朗。在她那儿，从没有无缘无故的爱。她是个非常固执严厉的人，除非你的确做得特别棒，才会赞赏。

我第一次在纽约与舞团工作室表演时，她来了。当晚，等我们回到她在上西城的赤褐色砂石别墅。一会儿，她带着一束玫瑰来到我的房间。我好奇她为什么没有在剧院给我，因为很多舞蹈演员都会在剧院收获家人和朋友的祝福和礼物。

她整理了一下靠墙桌子上的花瓶，酷酷地盯着我："我迟迟没有订花，就是要看看你的表演到底够不够格配这些花儿。"

伊莎贝尔就是这样。但是我喜欢她。我很感激她的慷慨，允许我在她家借住。我也很感激她的真实坦率，因为这样我就能确信，如果伊莎贝尔·布朗说我有天分，那么她说的一定是事实。伊莎贝尔和她女儿莱斯利带着鹰一般犀利的目光观看了我的演出。莱斯利负责我在美国芭蕾舞剧院的一些课程。演出结束后，她们大大地称赞了我，这使我觉得自己仿佛也是这个杰出家族的一员。在我加入群舞团之后，拿莱斯利的原话来讲，我就是美国芭蕾舞剧院主团中最出色的年轻舞蹈演员之一。获得这枚来自布朗王朝的认证章，就如同帕瓦罗蒂告诉你，你的声音不俗，或者是被威廉姆斯姐妹认为你有强劲的反手击球能力。

此外，还有一位表演者激励着我，他在自己的艺术领域里一路冲向巅峰，虽然他的领域和芭蕾相隔甚远。

他就是普林斯，普林斯·罗杰斯·内尔森（Prince Rogers Nelson）。

我有个朋友凯伦·拉托（Kaylen Ratto），我们相识于劳瑞森舞蹈中心，后来一起合作。她那时在一家为舞蹈演员服务的转业中心工作，这个转业中心是为了让退役芭蕾舞演员在进入新职业时，能将自己之前的训练和技巧应用起来。

一个周六的早晨，起床后我看到一条短信："我能把你的电话号码给普林斯吗？"

普林斯？

显然，普林斯的一个助理将电话打到了凯伦办公室，询问是否有人能查到我的联系方式。我丝毫没有头绪他为什么想要联系我，但是明确同意凯伦把号码给他。

晚些时候，我的电话响了。

不出意外是他的讲话声，是性感的男中音，与他在歌曲高潮释放的那种仿佛破碎大吊灯一般的假音完全不同。尽管如此，我不可能辨认不出这声音的主人。

"噢！我的天！"我心里想着，"真的是普林斯！"我一边挤出一句"你好"，眼睛瞪得老大。

确切地说，我不是他的铁杆粉丝。男子乐队，说唱和民谣蓝调更符合我的音乐口味。但我当然知道普林斯，他是个传奇，我极度好奇他为何找我。

他娓娓道来："我正在给我的新曲《深红的苜蓿》录制音乐短片，

我为你设计了一个片段。希望能邀请你飞到好莱坞来拍摄。”

当然，我激动得声音卡在喉头，说不出话，但很快恢复过来。

“那太棒了！”我说道。

奥卢没在城里，我就写了封邮件，告知他这个邀请。我打电话告诉了妈妈，她比我还激动。他们都认为我应该抓住这次机会。

美国芭蕾舞剧院的剧目都在休整中，我可以干点自己想做的事，完全没问题。普林斯和我定了合适的日期，几周后我便登上了去洛杉矶的飞机。我坐的是头等舱。虽然我的家人都住在洛杉矶，普林斯还是为我在贝弗利山庄酒店订了超级奢华的套房，一个人住实在是太大了。房间里备好了鲜花、香槟和手写卡片欢迎我入住。普林斯的助理负责接送我到录制短片的工作室。其余时候也有豪华轿车载着我四处闲逛。

第二天，我终于见到普林斯本人。当时我正坐在工作室的化妆椅上，普林斯走了进来。他拿着一根别致的手杖，沉静而谦逊，完全不是我想象中超级巨星的样子。他漫不经心地走过来跟我打招呼并握手，看起来好像有些紧张。

我希望自己编舞，跟着他的音乐即兴表演。他尊重我的决定，这是我熟知的艺术领域，我自然比他强很多。他安静地坐在录制现场，只是看，任由我在其中发掘，创作。

当晚，豪华轿车接我去普林斯家共进晚餐，一进车里我就发现了包装精美的礼盒。里面装着一件沙黄色的定制礼服，这是要在短片录制实拍现场穿的。

普林斯团队的一名工作人员领着我来到他家。我在客厅里等了得有四十五分钟，一边跟他的厨师闲聊，一边急切地等待他出现。

我参观了他美丽的家，家中到处都有很大的落地窗，从地面一直延展到屋顶。他那台迷人的紫色钢琴还配置了一套月光色的琴架。

终于，我听到他一路朝我走来时鞋跟敲击门廊地面的声音。随后他领着我来到餐厅，餐桌长得让人难以想象，他坐在一头，我坐在他旁边，和他一起享用厨师为我们准备的素食料理。

一开始，他就表示对我非常欣赏，对学习跟芭蕾有关的东西怀有极大的兴趣，想通过学习进一步了解我，了解芭蕾。他问了一箩筐问题，关于我的背景、我喜欢的音乐、对表演的理解以及在美国芭蕾舞剧院的经历。

后来，依然是那辆豪华座驾送我回酒店，接着有一年时间我们都没再见面。他会经常给我电话。一天，他邀请我去看流行乐队格莱汉姆中央火车站在纽约的演出。他仍然派了车，也依然腼腆。一张大圆桌，就坐了我们两人。表演期间他还上台弹了吉他。他技艺精湛，将全场观众调动得疯狂起来。接着这个夜晚也结束了，我随后返家。

这就是我跟普林斯相处的方式。他会消失，接着又在不经意间突然出现在我的生活里。神秘，但又充满惊喜。五个月之后，他再次来电。

“我准备到欧洲巡回演出，”他讲道，“我希望你也可以参与进来，或许你可以就此开始独舞表演。”

在美国芭蕾舞剧院休整期间，跟普林斯合作很方便，但是在表演季和彩排期间要参与舞团以外的活动就很难了。我需要申请假期，可能会被扣薪水，而且递交上去的大部分请假申请都凶多吉少。

我差点就赶不及在最后期限里搞定一切，但普林斯的欧洲巡演推迟到夏末了，这样一来我就能放心参与了。

这是个千载难逢的好机会，我不仅能跟流行音乐天王合作，还能将芭蕾艺术展示给一拨崭新的观众群体。“这太不真实了！”我心里这样想着，但回复他时就酷多了。

我镇定自若地回复道："我能去参演。"

等我抵达巴黎戴高乐机场，普林斯已经在一辆黑色林肯城市车里等着我了。在去酒店的路上，我们没聊太多。我们住在勒布里斯托饭店，我在普林斯房外等候他时撞见了瑞秋·麦克亚当斯（Rachel McAdams）。她那时正在拍摄电影《午夜巴黎》。

到巴黎的第一晚，我和普林斯去见了歌手埃里卡·巴杜（Erykah Badu）。她的表演就像是一场圣洁的仪式。她优雅脱俗，也充满感性。显然，她正享受着生命中最好的时光。

晚些时候，埃里卡来跟我同座，一起看普林斯在她演出后小聚时的即兴表演。那个长夜好似没有尽头。普林斯一刻未停连续弹唱了好几个小时，这是他对艺术的深情。他能连续创作、排练一整天，然后弹唱一整夜。作为一个舞者，这种投入我完全感同身受。

本来，我们在巴黎有一场演出，但是最终取消了。我不记得具体原因是什么，但是很肯定其中有不少戏剧性的情节，可能还牵涉诉讼，总之刚好碰上了些事情。不管怎么样，我们最终只进行了一场演出，是在法国尼斯。

几天后我们到达戛纳。乐队和工作人员们住在内格斯哥酒店。酒店内展出的一些艺术品让普林斯觉得很不爽。雕塑和画作都以扭曲的黑人形象为主题，近乎是种族歧视。这样的作品，像是民权运动前在美国南方腹地的酒店里看到的那类。所以我们俩开车四处晃悠，最终在戛纳马丁内斯凯悦酒店安顿下来。这实在是很戏剧化的，紧要关头还试图寻找住的地方。但这就是普林斯，也只有他才能做得到。

终于到了演出的时候，我们去到场地，被带到化装间。我和普林斯得共用一个化装间，他为此向我表达歉意。但我觉得这并没有什么。后来我才知道像他这样的巨星，其实是很少跟别人共用化装间的。我们坐在化装间，我一边跟他聊天一边往脸上扑化妆品，他也换上演出要穿的夹克。

在普林斯的乐队和伴唱歌手们登台之后，就该我了。我起身上台，心里对自己要跳什么完全没有底，因为压根儿没彩排过。但我并不慌乱，我已经进入状态。我即将开始演出，这是我深爱的职业。在远离美国芭蕾舞剧院的这里，我不用再纠结向前的小跳是否完成得一丝不苟，再也没有那一双双苛刻地盯着我的姿态时刻准备挑刺的眼睛。我可以尽情地自由地舞蹈，将我挚爱的芭蕾展示给新的观众。

我跳了大概一两分钟，向上抬腿，膝盖几乎快贴到我的额头，再迅速放下，膝盖绷直，这是一个大击打动作。刚做完，台下的观众突然爆发出阵阵尖叫和欢呼声。

“噢!”我心想，仿佛被什么击中了一般，“他们喜欢这个!”

接着，当我在舞台上旋转的时候，瞥见普林斯正向舞台走来。刚才的那阵欢呼，毫无疑问，是给他的。我心里暗自笑了笑，接着缓缓退出舞台。我站在舞台的侧翼，台下的一切都尽收眼底。我的新朋友普林斯，为人随和，对生活充满好奇。而此刻，我第一次看到那个身为乐坛传奇的普林斯。我惊叹于他角色的转换，站在一旁目瞪口呆。舞台上的他很活跃，掌控一切。正如他对粉丝满腔热忱，粉丝也为他热血沸腾。这种和观众之间的共鸣和同感，也是我在自己的艺术领域里所寻求的。

巡演之后，普林斯再次消失了。大约一年以后，2011年秋，他突然打来电话。他希望我能飞去他的家乡明尼苏达拍摄画报，顺带讨论新的合作。我像之前一样，欣然前往，对他具体想要些什么并不清楚。

他告诉我他打算在美国进行巡演，他已经在很长一段时间里都没巡演过了。这次巡演的主题是“美国欢迎你”，首场演唱会将在纽约麦迪逊广场花园拉开帷幕。我很荣幸能受邀参与其中，尤其是在巡演的前期，这正是他为整个巡演奠定基调和确定走向的阶段。

我们一起拍摄了宣传画报。他拿着自己的吉他，我身着两年前在歌曲《深红的苜蓿》的音乐短片中穿的礼服和足尖鞋。我在普林斯身侧随意摆出造型或者做足尖旋转动作，他目光如炬，直视镜头。几个小时之后，拍摄完成，我们转移到他家的另一间房，和他的员工坐在一块儿，他们已经准备好挑选要用的照片。由于他们对芭蕾的独特美感没有敏锐的嗅觉，便由我负责挑选那些最能展示我作为芭蕾舞者的线条美的照片。我定下了自己认为最好的，接着打印出来制成海报，并在演出期间用于周边出售。

然而这一回，再没有休息的时间了。不会再有任何即兴表演。这一次普林斯要求所有的表演都必须经过精心编排，提前拍板确定一整套舞蹈。

我返回纽约时，美国芭蕾舞剧院正如火如荼地准备着即将在布鲁克林音乐学院拉开帷幕的《胡桃夹子》表演季。由于布鲁克林音乐学院的场地在初次公演前都被另一家公司的舞团占用，我们便借用新泽西的一个剧院进行日常排练。

从早上十点到晚上九点，我要同美国芭蕾舞剧院排练。休息时见缝插针地在剧院开舞蹈编排会，敲定普林斯演唱会演出的细节。我要用的曲目是《那些美丽的人》，这首歌来自他的电影《紫雨》的同名原声专辑。

我把一整个白天和半个晚上都献给美国芭蕾舞剧院的排练，之后便坐上轿车前往新泽西的埃佐德中心（草原球馆）跟普林斯排练到凌晨两点。这一次，他对我要求非常严格。但我并没有任何不适，作为一个芭蕾舞者，这种高压的环境我早就习以为常。而且实现在之前的演出中想要展示的内容，本来就是个很有趣的过程。力求技术上的完美，提高舞台上的掌控力也是一种慰藉。这一切我早已准备好。

普林斯会将写好的一页页笔记交给我和编舞。他会让我一遍又一遍地听《那些美丽的人》直到我记住每一句歌词，每一个节奏点。

宝贝宝贝宝贝
会是怎样呢？
宝贝宝贝宝贝
是他还是我？
别让我虚耗时光
别让我失去理智
宝——贝

有时我们会在普林斯位于曼哈顿丽思卡尔顿酒店的套房里排练，他会将音乐声开得很大，我站在餐桌上跳舞，假装这是替代演唱会时的钢琴。正式演出时，我会在钢琴上旋转起舞。

和普林斯合作，我看到了他的智慧，他对细节的执着，也感受到了他对我的信任，这让我自信倍增。要将他脑海里的想法和愿景演绎出来，没有了芭蕾舞老师循序渐进的指导，很大程度上一切需要靠自己。这让我觉得自己更能独当一面，像一个名副其实的专业芭蕾舞演员。

直到那个时候，我仍常常感觉自己还像是个学生，在芭蕾艺术面前，永远是新人。跟普林斯一起工作，让我成长为一个更全面的艺术家。我需要对舞蹈的每一个环节负责，从概念到实际的舞蹈动作，从开始萌芽到最终的一路繁花。

随着舞蹈技术上的突破，情感上的突破也随之而来，我遇见了奥卢并与他相恋，我学会了爱惜自己崭新的身体，还第一次见到了父亲。

我还记得第一次在大都会博物馆同贾里德·马修斯（Jared Matthews）一起表演乔治·巴兰钦的柴可夫斯基双人舞。那是2009年的5月，对我来说是个重要的转折点。敏捷轻巧的足尖步伐对我来说一直是个挑战，在巴兰钦的芭蕾舞剧中尤甚。我不懈地练习，最终演绎得很好，那是个巨大的突破。而且至此我每跳一次，技术都在进步。

我也发现，我大部分的进步和技术突破，都是在美国芭蕾舞剧院以外表演时获取的。我觉得这可能是因为在舞团以外的表演场合，我总是首席，没有了来自美国芭蕾舞剧院工作人员的期望值和压力，我总是能将重头戏演绎出来。

有时候，这种压力只存在于我自己的脑海中。那种恐惧感总是存在，总是害怕如果我不在状态，如果我无法保持舞者一直致力追求的完美，无法最终达到舞者追求的极致，就永远无法再出演那幕剧。但在美国芭蕾舞剧院之外，我感觉并没有那么多害怕失去的东西。焦虑和紧绷的神经没有了，取而代之的是摆脱镣铐之后的，纯粹的愉悦。

与普林斯同台演出，我感受到的不仅是那股迸发的自信，与巡演剧团共舞那喷薄的激情，还有自由和电流般令人振奋的刺激感。

他跟我一样，是个完美主义者。他希望我的表演里包含特定元素。但我才是芭蕾上的专家，所以最终依然是我主导编舞以及动作的打磨，一个人独立完成最后的整套舞蹈。

我和他会对着镜子，不断商议调整我的舞姿，他在巡演弹唱《那些美丽的人》时，我可以配合在他周围起舞。我并不是每一场演唱会都参与，因为那正值美国芭蕾舞剧院在布鲁克林音乐学院的演出季的季中。我得到许可，能在舞团晚间休息的时间去参加普林斯的演出。普林斯也表示没有问题，我可以按自己的日程在两边来回。如果某天遇到我需要回美国芭蕾舞剧院，他便取消掉我的那部分。

我很疲惫，也很振奋。我曾在世界的各个角落演出：纽约大都会歌剧院，哈瓦那的卡尔·马克思剧院以及香港文化中心。但是跟普林斯同台演出，是我怎样都没预想到的。

首场演出在麦迪逊广场花园，我感觉比以往都紧张。台下的观众里有各路知名人士，空气里四散着浓浓的紧绷感。

普林斯演出的时候，我缩在台下他用于更衣的小隔间里。在我上台跟他会合前，他会先唱几首歌。当他走下台阶时，我们都沉默了。

然后我们拥抱了彼此。

“让我们惊艳全场！”他说道。

接着，他走上舞台底下的方形升降台，台子升上去后，他走到钢琴前，开始弹奏。

升降台本该再次降下来，等我走上去，把我送上台移到普林斯身侧。

但升降台并没有降落。

我开始慌了，“我的天！”我心想，“我现在该上台了！那是我进入舞蹈的节奏点！”

感觉过了好几分钟，升降台终于下落到我身前。事实上只差了几秒钟。

我优雅地走到钢琴边，找准下一个节奏点，进入舞蹈。他排练时不厌其烦的重复使得我清楚地记得每一句歌词，每一段旋律，帮我分毫不差地找准自己的节奏。我感到自己沸腾起来了。

待普林斯演唱结束，我就将开始独舞。

“女士们，先生们！下面有请米斯蒂·柯普兰！”猛地一下，我仿佛被击中心脏。在任何一次彩排里，他都没有预演过这个环节。我一直以来都视自己为幕后伴舞，只是在背景里旋转。而此刻，他将我介绍给观众，就如同在说我与他平等，是他的搭档。我有些飘飘然。

说实话，我并不确信能真正展示出作为一个芭蕾舞者的实际水平。我身上这套礼服是一年前拍摄歌曲《深红的苜蓿》的音乐短片时用的，普林斯坚持让我在演唱会上穿这套礼服。这身长裙是4号，而实际上我仅仅穿0号。不仅如此，裙裾还太重太长，让我很难完成跳跃和复杂的旋转。就连舞台也不是很对，舞台地板非常不适合穿着足尖鞋立脚尖。

大部分时间我都是绕着舞台转，摇曳踱步，尽量多地做些摇摆以及连续平转的动作，没有什么技术上的难度。对我来说，最高难度的平衡动作就是保证自己在钢琴上旋转时不会跌落下来。

当然，我从没忘记也不会忘记，我是在演唱会的场馆里表演芭蕾，让许多从未体验过芭蕾魅力的人浅尝芭蕾的味道。普林斯和我还会继续一起在麦迪逊广场花园以及论坛体育馆进行几场演出。每一场都不容小觑。

不可思议的是美国芭蕾舞剧院也非常慷慨，允许我充分地利用好这次舞团之外的机会，其实有时候他们完全可以表示反对。当然，最肯定的是，他们也表达了对我舞团内部工作的大力支持。

我还记得工藤伊莱恩某天找到我，她是非常优秀的舞蹈演员，也是第一个跟男星巴雷什尼科夫搭档出演特怀拉·萨普的《危机时刻》的演员。她曾看过我一年前出演的一部由柯克·彼得森创作的当代舞剧《轻抚双眼》，想告诉我她觉得我的表演美极了。她曾看过两场由别的专业剧团演出的同一部舞剧，目前我是她见过跳得最好的。她的这一席话，让我感到很荣幸。

我也能频繁地忆起刚加入美国芭蕾舞剧院时那两个头痛的夏天。美国芭蕾舞剧院当时的助理艺术总监大卫·理查森（David Richardson）有天找到我，告诉我说舞团工作室的艺术总监约翰·米汉前一天提到了我。

“我非常期待即将到来的演出季！”约翰说大卫这么跟他说。

“为什么？”大卫问。

约翰的原话是，“因为这一个季度有米斯蒂·柯普兰，还有大卫·哈尔伯格。”提到了我和另一位杰出的年轻舞者，他后来成为了美国芭蕾舞剧院的首席。大卫告诉我约翰觉得我极有天赋。我感受到了一股强烈的被认可的感觉和被赏识的喜悦，飘忽得仿佛乘着热气球永远不落地。

# 第十二章

# 第一位
# 黑人独舞演员

我已经等了六年之久，现在我准备好了，不只要向世界证明我是一个有天赋的舞者，更要证明我是一个真正的艺术家。

技术上的突破，与像普林斯一样的表演者以及其他团队合作的机会，来自工藤伊莱恩、凯文·麦肯齐和其他人言语上和行动上的支持让我更相信自己的能力，让我敢于为自己说话，不仅仅是政治、文化和艺术方面，更重要的是种族方面。

了解其他黑人芭蕾舞前辈走过的路，让我找到了自己的声音。

我与雷文·威尔金森的缘分来自我看的纪录片《戏梦芭蕾》。那是我第一次听说她的名字，让我既生气又开心。我生气的是，我，作为一个年轻芭蕾舞演员，以及我身边的很多同事，都没听说过她。但同时我又很开心，幸好遇见了她。

《戏梦芭蕾》在南部巡演期间，雷文遭到三K党威胁。由于不堪种族暴力的传闻，她最终不得不离开舞团，搬到荷兰，重新寻找能跳舞的地方。看到她的故事，我忍不住落泪。但我也知道，作为黑人芭蕾舞演员，我不是一个人，我也庆幸，比起她，自己走来的这一路没有这么多艰难险阻。

因为我总是谈起雷文，我的经理人吉尔达·斯库埃尔（Gilda Squire）决定做点调查。调查后发现，雷文依然很活跃，她在上西城有一套公寓，离我只有几个街区远。我自作多情地认为，这预示着我们注定要遇见，不管在哪里。

吉尔达联系了雷文，发现从我开启芭蕾的职业生涯起，她就一直在关注我，看过我所有的电视采访，读了很多关于我的文章。我既惊讶又很感动。

后来，吉尔达在哈莱姆的工作室博物馆办了个活动。活动内容是雷文和我两代黑人芭蕾舞演员的公开对话。第一次和雷文对话时，我和她甚至都不在同一个房间里。为了推动工作室博物馆的活动，我们参加了一个电台的直播采访。一听到她的声音，我就控制不住自己的情绪。终于，在登上哈莱姆的舞台开始对话的几分钟，我们见了面。我泪流满面，紧紧拥抱了她。她是这么娇小、精致和美丽。

从那以后，我们一直保持着联系。她出席了我所有的演出，演出结束后我们常一起出去吃饭。见到她之前，她一直是我生命中的指路明灯。现在她不断地、无私地鼓励我走得比她更远。她常说我的才华和能力远远超过她，我觉得难以置信。她很谦虚，很逗趣，她总是讲很多有趣而讽刺的故事，从来没重复过。

我认为，身为非裔美籍芭蕾舞演员，我的目的是在芭蕾世界里，分享雷文的故事，把我们的奋斗史传达给大家。不只是雷文，还有爱莎·艾什、蒂亚·吉梅内斯，以及无数其他丰富了芭蕾世界却往往没有得到应有重视的黑天鹅们。我和他们感同身受。在这个世界里，我们都很不容易。在芭蕾的世界里，你要么得有运气（这个我有），要么得有钱（这个我没有）。在前行的道路上，你可能很孤单，很害怕，环顾四周，发现自己孑然一人，没有人和你一样。爱莎、蒂亚，特别是雷文，让我觉得没那么孤单。

* * * * * *

在芭蕾舞团里，你常常要和你的朋友、你的同行竞争同一个角色。这从来都不是一件易事。但要在一个本身就不公平的领域内竞争，则更是心理上的折磨。

我依然记得，走进排练场时，芭蕾舞指导对我和我的能力早就先入为主，那种感觉很糟糕，很空虚。我记忆犹新。我必须假装自信，心里清楚不管我的表演多么完美，我仍有极大可能选不上，精神上承受着极大的压力。同样地，有时我必须证明我是谁。

“我们可没把你当作黑人看。”当我表露出对自己很难获得经典角色，或者获得演出认可的担心时，我的同事们常这么抱怨。

当然，我知道他们试图对我好，甚至是同情我。可事实恰恰相反，这只能让我想问，“既然你觉得‘不把我当黑人’是一种恭维，那我想问，你到底是怎么看黑人的?”

但我一直在跳舞、练习和表演。我各方面都提高了。终于有人注意到我的才华，而不是肤浅地看到我与生俱来的外表，这种感觉难以言表。

三年前，我在《睡美人》中扮演“穿靴子的猫”。化妆师站在一旁不停地用遮瑕粉试图把我的脸变白一些。

我看着她。

“我不懂，为什么所有的猫都必须是白色的。”我挑衅说，“我想做一只棕色的猫。”

我也真的这么做了。

* * * * * *

2007年，凯文·麦肯齐提名我作为美国芭蕾舞剧院的两名代表之一，代表舞团参加著名的埃里克·布鲁恩比赛。

世界四大顶级芭蕾舞团艺术总监，美国芭蕾舞剧院、英国皇家芭蕾舞团、丹麦皇家芭蕾舞团和加拿大国家芭蕾舞团，每人挑选手下最出色的年轻舞者参赛。

我相信凯文一直坚信我有别人没有的东西，因此给了我他能给的所有奖学金、特别资助和工作坊机会，从支付了我在南加州的最后一年训练费用的可口可乐奖学金，到选我争夺格蕾丝王妃奖，现在是这个。他给了我机会，让我站上舞台，成为领舞。

群舞团的成员，贾里德·马修斯将代表美国芭蕾舞剧院参赛，有望角逐冠军。我庆幸有贾里德在，我们是朋友，也是双人舞搭档。

比赛在加拿大举行。赛前三天，我在练习跳跃时把自己弄伤了。当时我正在准备《天鹅湖》，回国后，我马上会在美国芭蕾舞剧院的巡回演出中表演该剧目。我被告知是跖骨应力性骨折。我慌乱无措，精神崩溃，但决定撑过去。第二天，我休息了一天，然后就回到美国芭蕾舞剧院看我还能不能继续跳。

我打开更衣室的门，看到房间的中央放着一个陌生的手提箱。没有人告诉我，舞团的另外一个女孩正准备代替我去，但这就是我收到的信息，令人震惊却又千真万确。我知道自己必须振作起来。我决不能错失这次机会。那天晚上，不顾疼痛和紧张，我展现了最好的状态。

他们被我骗了。贾里德和我一起去了加拿大。我们一起跳了《睡美人》中的大双人舞，我在美国芭蕾舞剧院芭蕾舞团工作室时表演过很多次。我们还跳了现代舞片段，由吉利·基里安（Jirí Kylián）编排的《小号角》。

令人意外的是，来自其他三个舞团的舞者都很友好。我感受到大家都团结在一起，因为我们都清楚被各自的总监选来参赛是莫大的荣誉，也感受到在这样一个大舞台上表演的压力。我特别担心我们的《睡美人》选段。在美国芭蕾舞剧院，人们总是告诉我，我在现代舞角色中表现更加出色。因此，我有点害怕这样的角色，经典的角色。

最后，我们输了比赛。但我赢得了更大的奖。

几个星期后，我回到家，凯文让我去见他。

他已经决定，终于，让我成为独舞演员。凯文告诉我，埃里克·布鲁恩比赛那晚，他第一次看到我作为真正芭蕾舞演员的样子。

我将成为美国芭蕾舞剧院二十年来第一个黑人独舞演员。这是个历史性的突破。

但听完他的话，我感到出奇的平静。这和我从十三岁起想象的不一样。

在我的想象中，自己会流着泪跪倒在地，由衷地感谢凯文。现在，梦想成真。奋斗了那么久，那么苦，经历了那么多质疑，终于，我终于相信自己配得上这份荣誉。

同时，我当时和现在都清楚，凯文从一开始就在背后支持我，推动我成长，成熟，出类拔萃。给我这个很可能成不了芭蕾舞演员的人，站上舞台中央，成为世界顶级舞团的主打人物的机会。我会永远心存感激。

我已经等了六年之久，现在我准备好了，不只要向世界证明我是一个有天赋的舞者，更要证明我是一个真正的艺术家。

*　*　*　*　*　*

在2012年，我回到家乡圣佩德罗，正式进入了男孩女孩俱乐部的名人堂。

莉兹和迪克·坎廷在那里，还有妈妈。辛迪和帕特里克也出席了。

这些年来，我时不时会见到布拉德利一家。他们来纽约看过我在美国芭蕾舞剧院的一场演出。演出结束后，我们在当地的餐厅吃了简餐，聊了一晚上以前的事儿，有说有笑。

但是，男孩女孩俱乐部的仪式是监护权争夺战后第一次，妈妈、坎廷一家、布拉德利一家，同在一个屋檐下。

在此之前，男孩女孩俱乐部的工作人员问我要不要邀请辛迪。我告诉他们，要，必须邀请。

我在感谢词中提到了很多把我领进芭蕾世界的人，辛迪就是其中一个。我觉得我之前从没好好感谢过她。她值得这份荣誉。

我很骄傲，他们都在这里——妈妈、莉兹、迪克、帕特里克、辛迪都在，我们克服了巨大的创伤，一起庆祝一直以来的目标已经实现。多么伟大，我能站在男孩女孩俱乐部的舞台上，站在我第一次摸到把杆的地方，而他们在这里和我共享荣耀。

这次演讲我做得很高兴。他们脸上洋溢着欢乐的气息。而我，一点也不紧张。

# 第十三章

# 首　演

生活就像芭蕾，你必须找到平衡。要强迫自己走得尽量远，但也要知道什么时候得把自己从崩溃、伤害和绝望的边缘拉回来。

小时候，我一直生活在恐惧中，怕被别人评价，怕让别人失望。我总是在讨好别人。做纠察队长时，我努力确保每个人都按时到教室上课。我总是第一个举手自愿跑腿、清理桌子、帮助我的兄弟姐妹。

我的兄弟姐妹总是抱怨妈妈的男朋友，甚至会吐槽妈妈几句，而我总是咬紧牙关，一言不发。我宁愿坐在空荡荡的走廊里，听自己的回声，也不愿冒上课迟到的风险。和辛迪住在一起时，我还在公立学校上课。我会拿被单搭个帐篷，闷在里面用手电筒复习功课直到深夜。

然而，我选了一条不可思议的路，成了一名芭蕾舞演员。这意味着我永远在被人评判。

每一次在美国芭蕾舞剧院工作室的排练，每一场在大都会歌剧院或布鲁克林音乐学院的演出，我都冒着让相信我的人失望的风险；也许，只有我一个人这么想。

有无数人在背后支持我，比如我的妈妈，她很爱我，甚至愿意让我离开她和布拉德利一家住在一起；比如凯文·麦肯齐，他让我有了去美国芭蕾舞剧院跳舞的梦想。

但是，在芭蕾世界里，批判我的声音一直都存在，没有片刻消停，他们对我的长相、能力、动机抱有偏见，这一点依然让我觉得很受伤。

“我觉得，米斯蒂·柯普兰在舞蹈上还有很长的路要走，她离芭蕾明星还远着呢！”一个愤愤不平的博主写道。在她眼里，我和普林斯一起出场简直玷污了芭蕾艺术。她说，我不要脸地打“种族牌”，在她看来，这是赤裸裸的噱头，“因为她根本不是纯种黑人”。

这个博主还引用了很多关于我的文章，证明我不过是个渴望关注的业余演员。

“我不能责备她贪婪。换作是我，我也会这样，”她写道，“但事实看来，她借此创建了自己的平台，与舞蹈完全没有关系。她是媒体的宠儿，但媒体喜欢她的原因可能对正宗芭蕾的未来没什么好处。”

我不想看她刻薄的评论。但在那时，好奇心让我无法视而不见。我不想让这些评论伤害我，让我生气。可它偏偏两样都做到了。

我该怎么解释这种感受，这些人明明不认识你，也不了解你走过的路，他们戴着有色眼镜看你，然后擅自下了定论。我现在做的一切，包括接受采访，和普林斯共舞，利用一切机会和年轻人对话，都是因为我喜欢芭蕾，而不是想利用它。芭蕾的核心非常令人振奋，我想把这个美丽的艺术形式和尽可能多的人分享，因为我知道它给我带来了无穷的快乐和优雅。

人们谈论我的混血背景时也很有意思。大多数黑人的祖先都来自欧洲，或者是美洲的土著人。那些认为我不适合古典芭蕾世界的人，对我的黑人身份一清二楚。但是，等我因为打破常规获得了媒体的关注，在这个白人占优，相对封闭的世界里赢得了难以想象的胜利时，突然间，我那意大利和德国混血的祖母站上了舞台中央。

我选择自己定义自己。我是一个黑人女性，我的身份不是一张纸牌，也不是一张分配给我，我不情愿接受的标签。我生长在美国黑人文化之中，它塑造了我的身体和我的世界观。我在舞台上驰骋，虽然想让每一位观众心旷神怡，目不转睛，但更能感受到自己身体里背负着每一个黑人小女孩，那些被折断了翅膀的女孩，那些即将起飞的女孩。

曾经有人问我，身为舞者，有没有哪一晚的表演我自认为完美。有时候就是这样的，你完美地掌握了平衡，每一次跳跃都完美落地，你的手臂柔得仿佛烟雾，你的身体拱起，既强大又优美。那时，舞者就会说："有了。你有腿了。"

但是，这种情况很罕见。相反，我认为专业舞蹈演员始终努力纠正一切不足，即使在休假，也在想办法打磨自己。我们训练身体在失衡时快速找回平衡，快速处理一切突发情况——踩错拍子、脚踝扭伤、失误或跌倒。

每次排练前，我都会去上芭蕾课，从不间断。我总是从把杆热身开始。我在把杆上练习，仿佛又回到了圣佩德罗的男孩女孩俱乐部，第一次接触把杆时一样。有些日子，我单腿站立，发现累了，站不住了，于是转移重心，重新寻找让自己屹立不倒的方式，并坚持下去。

这也一直是我的精神战斗，屏蔽掉批评，记住所有依靠着我的棕色皮肤小女孩。屹立不倒，坚持下去。

* * * * * *

在东京时，我在《堂吉诃德》里扮演花童，那是我第一次听说《火鸟》。

那是2011年的秋天，我成为独舞已经四年了。《火鸟》由斯特拉文斯基创作，融合了最负盛名的芭蕾片段和技艺精湛的独舞，讲述了一个关于咒语、神秘生物、爱情战胜邪恶的故事。

随着故事的展开，伊万王子迷失了自己的道路，沿着曲折的小路走进了被施了魔法的花园，他在这里遇到了美丽的火鸟。他抓住了火鸟，后来决定放她走，火鸟给了他一根魔法羽毛，一旦遇上麻烦，他可以用羽毛召唤她。

后来，流浪的王子来到了一座城堡，这里有十三位嬉笑打闹的公主。年轻的少女们中了不死魔王卡谢伊的魔咒。魔王想把少女们据为己有，把来救公主的人都变成了石头。但伊万王子爱上了美丽的瓦希莉莎，其中一位跳舞的姐妹。

晚上，他试图潜入城堡，却被国王的宠臣袭击。他挥动火鸟的神奇羽毛。火鸟奇迹般地出现，让他幸免于卡谢伊的巫术。然后，火鸟自己下咒，迫使邪恶的国王和他的卫兵不停地跳舞，直到筋疲力尽。她带领王子去花园里埋葬卡谢伊灵魂的地方。很快，公主们从笼罩着她们的黑暗魔法中苏醒，变成石头的追求者也起死回生，魔法花园里的花再次在阳光下盛开。火鸟得意地在王子和他的爱人头上盘旋，渐渐消失在云中，像天使一样。

这是个充满魅力的标志性角色。一天，凯文把我拉到一边，告诉我，我要学这部分。

这很不寻常。通常，美国芭蕾舞剧院总部的告示栏上会贴一份选角名单，舞者们可以看到当年每场芭蕾的每个角色。角色旁边是对应的演员名单，按出演顺序排列。名字出现在名单上不代表你就是领舞。你很可能只是一个替补。

第一场演出前的三到四周，告示板会通知要出演的日期，你也会最终得知，自己是不是领舞。美国芭蕾舞剧院也会发出通讯稿，宣布谁在本季的什么时候扮演哪个角色。

凯文亲自告诉我，我要学《火鸟》。这是用最便捷的通知方式，意味着我必须把整个休假期都投入排练。

我假设自己是个替补，但要学习阿列克谢·拉特曼斯基的新编舞，我还是很激动。

我一头扎进排练，下定决心，我会做好随时登台领舞的准备。

阿列克谢用古怪、精彩的舞蹈挑战我的能力。他的舞步比经典更现代，找不到语言来形容。《火鸟》有两段大独舞和一段双人舞。第一段独舞非常重要，它决定了观众对这种神秘生物的第一印象。而阿列克谢执着于让这一段表演分毫不差。三名演员表演这段芭蕾，每一只火鸟都有她自己独特的出场方式。

我入场时，阿列克谢要求我全速奔跑，然后突然停住，而同时音乐还在缓缓流淌。接着，他希望火鸟用一个戏剧性的动作展现自己的力量和野性。排练期间，我经常对着镜子集中练习这个部分。古典芭蕾中，你的脖子通常与你的脊柱呈一条直线。但变身这个狂野的角色后，我把下巴向前伸。与阿列克谢合作的另一个特别之处在于，与大多数只用语言表达期望的编舞不同，阿列克谢能示范给你看——失去平衡的平衡步，磕磕绊绊的单腿旋转。我那能立刻模仿所见动作的能力变得至关重要。这种依靠本能学习的方式也让我觉得很新颖。许多古典芭蕾创作于几个世纪以前，你无法真正了解创作者的本意。于是，你只能试图演绎自己想象的结果。但阿列克谢的现代创作绝非如此。

同时，他的想法很难演绎。他也没打算让它变得更容易。在《火鸟》的双人舞中，伊万王子试图抓住火鸟，火鸟则疯狂地、拼命地想逃跑。这是斗争，不是浪漫的拥抱。阿列克谢的编排能表现出这点。

学习《火鸟》的同时，我还参加了哈莱姆舞蹈剧院的编舞工作坊。沉寂了很长一段时间后，哈莱姆舞蹈剧院又重新开张了，而美国芭蕾舞剧院正处在为期两个月的休整中。这次的工作坊没有最终演出。就是简简单单的创作训练，我、两名青年男子，和另外一个年轻女子共同表演。

我很高兴能再次在这个舞团跳舞。我喜欢它的传奇创始人亚瑟·米切尔，尊重这里才华横溢的舞者团队。此外，我在这里继续寻找慰藉，周围都是和我同样长相的舞者，他们无条件地支持，而不是质疑我的天赋。

一早上，我们都忙着编排和即兴表演。最后，我们有五分钟的休息时间，我筋疲力尽，一屁股坐在地上，拿起手机。我一边拉伸疲惫的双腿，一边漫无目的地刷着推特。

我就是这么得知的。

有一个美国芭蕾舞剧院关于《火鸟》官方演员表通讯稿的链接。纳塔利娅·奥西波娃（Natalia Osipova），美国芭蕾舞剧院的客座首席舞，将担纲首场演出。

而我，米斯蒂·柯普兰，将成为第二场的火鸟。

我将成为历史上首位在大型芭蕾舞团扮演火鸟的黑人女性。

我的眼中涌出了泪水。有那么一刻，我说不出话来。

“你还好吧?”有人关切地说，“家里出事了吗?”

“不，”我说，“我要跳火鸟了。”瞬间，眼泪流了出来。

我周围的人都哭了。四周都是手臂，他们伸手紧紧地抓住我，拥抱我。

身在舞团，其他成员就像是你的家人。我的一些最亲密的朋友一直都是一起跳舞的男孩和女孩、男人和女人，无论是在圣佩德罗，还是旧金山，当然还有纽约市，在美国芭蕾舞剧院。

美国芭蕾舞剧院的很多同僚后来也向我表示祝贺，为我的成就感到开心。但我知道，在我得知自己被选中的那一刻，他们的反应与那天我在哈莱姆舞蹈剧院成员中感受到的一定不同。

虽然我不是这个舞团的正式成员，我们依然是家人，因为我们之间有不同却更加深刻的羁绊。他们是黑人舞者，其他人很难体会这一刻对他们而言的重要性：深深根植于他们的灵魂。我不需要讲出来，他们就知道这条路上遭遇的每一个挫折，走过的每一条弯路，他们知道为了得到认可，证明有跳古典芭蕾的天赋和能力，我打拼了十几年。在这场奋斗中，他们与我并肩同行。因此，看到黑人舞者在标志性古典芭蕾舞中担任主角，他们心中的骄傲和自豪与我不相上下。

至于我，我的眼泪既是如释重负的宣泄，也是幸福快乐的流露。我当时激动得不得了。我同时感受到，十年来背上的重负慢慢地变轻了。

我不知道自己是不是比以前排练得更加密集了。我把每一堂芭蕾课都当作排练，把每一场排练都当作正式演出。我完全沉浸在角色里，每天排练七小时，每周训练五六天，连续训练六个月。

我专心于表演的同时，美国芭蕾舞剧院历史性的决定掀起了巨浪。许多非裔名人，从电视界、文学界到艺术界，都忙着买我首场演出的门票。我的导师们，亚瑟·米切尔、雷文·威尔金森和苏珊·费尔斯·希尔，都打电话来祝贺我。压力越来越大，但扮演这样影响深远的角色实在让我兴奋，我没时间紧张。

在纽约大都会歌剧院开启这个表演季之前，我们在巡回演出期间献出了《火鸟》的首演。第一场演出在加州橘子郡的西格斯托姆艺术中心。对我来说，这像是荣归故里，妈妈和兄弟姐妹都在。演出后，普林斯慷慨地准备了一场晚宴让我坐下来和二十个亲友共同庆祝。

芭蕾博客谈称赞我和赫尔曼·科尔内霍（Herman Cornejo）的表现，他在剧中扮演伊万王子。

“看赫尔曼的独舞是一种享受，他看起来美极了，”文中写道，“而米斯蒂，她的脚！她的手臂！她的腿！她的背！真是难以置信。赫尔曼和米斯蒂用背影移动，一切都发自他们的内心，而不是来自四肢的扭曲和舞动。他们各自都很出色，在一起更是交相辉映，这在芭蕾中尤其重要，因为他们本来就不是浪漫的情侣。”

“这对搭档只会越来越好，我敢肯定，”文章继续写道，“我等不及想听大都会舞台对他们的印象了。”

我得到了肯定，不仅因为技术精湛，同时也因为风格强烈。

“尽管火鸟与奥杰塔和奥迪尔完全不同，米斯蒂用超凡脱俗的戏剧性和流动性，让我真的希望看她出演（天鹅）湖了。这部芭蕾舞剧真的向我们展示了她不只是个技术达人……我希望我们能很快看到她更多表演。”

《洛杉矶时报》博客的评论也大大赞赏了我。

“拉特曼斯基修订后的故事情节与前后运动的艺术风格，在第二对演员的演绎下终于清晰地呈现了出来。米斯蒂·柯普兰和赫尔曼·科尔内霍，这一对真让人痴迷。科尔内霍巧妙地承受张力，积蓄能量，把更多的力量给了柯普兰放纵的、动物性的演出。有了他们，观众的起立鼓掌是绝对自发的。”

* * * * * *

我们掀起了一股风潮，赢得不少积极的评价，不断打磨我们的演出。大都会歌剧院首演的日子越来越近了。

与此同时，我的身体发出信号，已经超过极限了。

应力性骨折是慢性病，轻微地、不动声色地潜伏着，直到发展成不可忽视的力量。

我在群舞团的第一年受了重伤，下腰椎应力性骨折。那次，我发现得早。可这一次，我没能有这种先见之明。

大概在《火鸟》大都会歌剧院首演半年前，我开始觉得左小腿有点疼，那条受过伤的腿。在残酷的排练中，我弄伤了自己。纽约首演前，舞团一直在巡回演出，其间我不断给腿施压。

在橘子郡，我演出了两场《火鸟》，其间有时候腿疼痛刺骨，我几乎无法呼吸了。

我试着给自己找理由。

“你练了一整天，太辛苦了。”我告诉自己，“腿疼是自然的。”

我没法在课上跳了，我知道这会造成更大的伤害。我把大跳、踢腿和小快板留给了排练和实际演出。

但我对自己的感受闭口不谈。除了火鸟的角色，我还在《舞姬》中担任加姆莎蒂的第二领舞。我担心，一旦透露自己受伤了，自己甚至可能会失去两个角色。我不愿冒这个险，也不想失去它们。

这是为了所有棕色皮肤的小女孩。

我练到精疲力竭，还必须试图把腿伤的事抛到脑后。在这当口，我和帮助我准备《舞姬》的芭蕾老师相处得也不太愉快。

娜塔莉亚·玛卡洛娃是一位传奇舞者，她曾是基洛夫芭蕾舞团的首席女演员，后来从俄罗斯叛逃，成了美国芭蕾舞剧院的首席。

“我不知道你怎么了，米斯蒂，”她会说，轻声细气的，“我觉得你还没准备好出演这个角色，看看你现在，我越发觉得自己是对的。”

我的经理人吉尔达·斯库埃尔参加了一场我的排练。又一次被责骂洗礼之后，我再也承受不住了。我走向吉尔达，放声大哭。

吉尔达，直截了当地，让我擦干眼泪。“哭什么？”她说，“你知道你是谁吗？你是米斯蒂·柯普兰。你得记住这一点。不要让那些虾米让你忘了自己明明会做的东西。”

看到别人对我颐使气指，她也很难过。但吉尔达和我都知道冰雪消融还需要时间。我必须集中精力，在精神上和身体上都立稳足尖。我走得踉踉跄跄，但我把流言挡在身后，继续前行。

这是为了所有棕色皮肤的小女孩。

《火鸟》首演前，我用加姆莎蒂拉开了美国芭蕾舞剧院大都会演出季的大幕。那时，不知怎么了，我达到了一种强大的精神境界，能支持我的身体完成很多彩排时做不到的动作。

现在，到了我用火鸟占领大都会歌剧院的舞台的时候了。

纽约首演的当天，舞团有一场带妆彩排。彩排结束后，我走出大都会歌剧院的前门，准备快速剪个头，因为那天晚上我要出席首演晚宴。

在剧院里待久了，明媚的阳光落在脸上，感觉很好。我呼吸着纽约的空气，出租车在林荫道上穿梭，游客人群和艺术爱好者信步走过。我在这座城市待得很舒服，它总是在那里迎接我，把我拥入怀抱。

我转过身来。然后，我就看见了。

是我，容光焕发，色彩鲜艳。我的脸出现在大都会歌剧院门前飘舞的七米多高的广告牌上。头快乐地后仰，身体兴奋地跃到空中。米斯蒂·柯普兰——火鸟。

我再次泪流满面。我在纽约生活了这么多年，从来没在大都会歌剧院的外墙上见过黑人女性。

* * * * * *

几个小时后，我穿着红金相间的华丽演出服，端坐在大都会歌剧院的更衣室。

但我不再确信我能圆满完成舞蹈，太痛了。令人难以置信的痛，痛得灼热。

“我几乎都不能走路，”我心想，盯着镜子，“还怎么跳舞？”

我知道，今晚之后，自己将有很长一段时间没法跳舞。

可今晚，想到有这么多人来支持我，想到一路的奋斗，想到这一刻的非凡意义，就够了。我提醒自己，不管舞台上发生什么，我的目的比个人成就更重要。

时间到了。我站起来，朝舞台走去。

我在圣佩德罗千里之外，也与十九岁时的我截然不同。那时我第一次站上大都会歌剧院的舞台，内心充满了敬畏、震惊和不确定。

现在，我是独舞演员，即将在全球最受尊敬的古典芭蕾舞团中承担标志性芭蕾中的主要角色。这些养育我、支持我的人，都在这里，还有很多从没见过职业芭蕾，却因为我而来的人。他们都在黑暗中翘首以待。

我的小腿在抽搐，但剧烈程度远不及我心脏的跳动。我把这两者抛诸脑后。这是我多年以来的梦想，是时候实现它了。我停在侧幕旁，准备我的第一次亮相。

吊灯升起，乐团开始演奏，灯光亮起。

我不再是我。在接下来的九十分钟里，我振翅飞舞，昂首阔步。我是火鸟。有小跳，有等距分腿，还有快板。

但我一点也不觉得疼。所有的训练，所有的练习，所有的培养，都是为了这个振奋人心的时刻。

“这个是折跃。”我听到萝拉·德·阿维拉在耳边低语。

“你是神的孩子。”我想起了辛迪的话。

“你是为舞台而生的，米斯蒂。”记忆中，我第一次上台表演，站在弟弟克里斯身后唱《邮差先生》，妈妈这么对我说。

他们都和我在一起。还有更多人。

这是为了所有棕色皮肤的小女孩。

表演期间，有时候观众的掌声太响，我几乎都听不到音乐了。然后，就结束了。

演员把我——火鸟举起来，这样她才能随风而去。观众们站了起来。“Bravo”声此起彼伏。我看不见他们的眼泪，但我后来听经理人说很多观众都哭了。

我接过给我的花束，沉浸在掌声中。然后，转身，一瘸一拐地走下舞台。

* * * * * *

演出结束后，舞台上有一场庆祝凯文·麦肯齐担任美国芭蕾舞剧院总监二十周年的派对。我和我的很多朋友以及支持者都参与了这场派对。

我们拍了照片，几天之后，祝贺的电子邮件和字条蜂拥而至。

“你做到了。你现在是一名真正的芭蕾舞演员了！你已经先后在加姆莎蒂、火鸟这样极端的角色中证明了自己。我为你感到骄傲。你比我更有天赋，我能看得出来，你是货真价实的。你身上浓缩了芭蕾舞演员需要的一切素质。”

我的导师和偶像雷文·威尔金森的字条中也这么写道。

“我被昨晚的演出深深地征服了，之前从没有过这种感受……显然，不是我一个人这么想。你的广大粉丝不停地谈论你昨晚的精彩表现。你的表演太精彩了，我们忍不住屏息观看。”苏珊·费尔斯·希尔说道。

“我们的生命中会出现很多特殊的时刻，而昨晚必定是其中之一……能看到米斯蒂站在舞台上，是一件多么快乐的事。能和她一同分享这了不起的成就和具有历史意义的演出，是多么大的荣幸。”黑人娱乐电视的总裁黛布拉·李这么写道。

“今晚，你仿佛交给我们每个人——每一个小女孩和大女孩——一双翅膀。”作家维罗尼卡·钱伯斯（Veronica Chambers）说道。

明星琼斯也来了：“米斯蒂的火鸟对每一个曾经站在镜子前用脚尖旋转的棕皮肤女孩来说，都是一场胜利。”

“我真的不想去睡觉，生怕这个奇妙的夜晚消失了。”前超级名模，盖尔·奥尼尔（Gail O’Neil）说。

我还收到了对我扮演的加姆莎蒂的称赞。我的芭蕾舞指导玛卡洛娃，在排练过程中对我非常严苛，这一次也对我大加赞赏。

“摘下头上的面纱，听到观众的掌声，我感到自信，仿佛一切尽在掌握之中。”我在日记中写道，“凯文感到欣慰，玛卡洛娃也欣喜若狂。

（她）说我应付自如，她一直要求的所有东西我都做到了。火鸟的成功令人难以置信。无边的黑夜，笼罩着我。”

我被来自黑人群体、美国芭蕾舞剧院的众多成员、同龄人和评论家的爱和支持包围。

《纽约客》刊登了一篇精彩绝伦的评论。

“火鸟必须像一只鸟，”琼·安科塞拉（Joan Acocella）写道，“但要感动我们，她又必须像一个人。这很难两全，直到演出的第二晚，火鸟的扮演者从奥西波娃换成米斯蒂·柯普兰，一名美国芭蕾舞剧院的独舞演员。柯普兰是纽约芭蕾界中唯一一位身居高位的非裔女性。现在，他们推崇她，因为她的艺术才华，也因为她背后的政治意味。这是她应得的。”

这样一本备受推崇的杂志评价我在艺术上证明了自己，展现出自己的能力和潜力，这是莫大的肯定。我整个人都飘飘然了。

《火鸟》演出结束几天后，我和芭蕾界的朋友以及几大巨头共进晚餐，那时，我也几乎被赞赏淹没。餐桌上有亚瑟·米切尔、前舞蹈演员洛林·格雷夫斯（Lorraine Graves）、哈莱姆舞蹈剧院的罗伯特·加兰（Robert Garland），与我的朋友，和美国芭蕾舞剧院合作的弗农。

那次晚宴上，亚瑟说，我已经登顶了。我是女王，是真正的芭蕾舞演员。在此之前，他曾打电话告诉我，看了我在《舞姬》和《火鸟》中的演出后，他心中非常自豪。

他滔滔不绝地讲着，谈到我心中的火焰，那是他之前从没发现过的。谈到我有能力，也有天赋，超越美国芭蕾舞剧院的众多同僚。

“你很美，”他说，“你有线条，有技术，有身材。你很优雅，也很聪明。你拥有全部素质，很少人能这么全能。你能拿到想要的任何角色，前途不可限量。”

我坐在那里，既谦虚，又感激。我想我应该记住这些特殊的时刻，记住我有多么幸运，而不是不停地担心未来的障碍。我想到，皇天不负有心人，努力终于换来了回报。

不过，我很难沉浸其中。在我心里，我一直觉得自己是后进生，一直是那个学生，那个只想着讨好所有人的害羞女孩。

这就是为什么，即使站在顶峰，即使在《火鸟》《舞姬》演出后收到了众多留言和好评，我依然会轻易地因几句消极评论而气馁。

紧接着，轰然倒塌。

与亚瑟、洛林和其他许多人共进美妙的晚餐后，我回到家里，打开电脑，阅读博客的评论。

“米斯蒂·柯普兰的加姆莎蒂比起其他演员差远了。”评论写道。评论还说，我不配当主演，美国芭蕾舞剧院给我升职只是为了体现种族多元化和包容性，这是个错误的决定。

这很可怕。我坐在那儿，不敢相信经过我的不懈努力，经过我备受好评的演出，我依然要打这场仗。而我也知道，这个作者表达了部分观众心中的想法。

然后，我就生气了。伴随着火气而来的是我的决心。我意识到，要改变现状可能需要不止一个表演季，但在内心深处，我知道自己会不断成长、学习，并获得更多主演经典剧目的机会。没错，我是黑人。但同样肯定的是，我也值得被提拔，也有资格站在舞台中央。我知道这很荒谬，我竟然跟那些出身优越，整个职业生涯中都充斥着机会和赞赏的人相提并论。他们只需要跳舞就行了，而我，还要战斗，与偏见和狭隘的观念对抗。

我让少数人消极保守的评论暂时淹没了所有鼓励我的支持和厚爱。但是，我很快恢复过来。我不得不承认一个现实，有一些人，我永远无法赢得他们的青睐。只要我被提拔为主角，消极评论就很可能有增无减。我必须坚守我的特殊时刻，继续战斗。

那时，我对自己即将面对的这场前所未有的战斗一无所知。

* * * * * *

“所以，我先从哪里开始。”

我坐下来写日记时，是2012年6月22日，星期五。五天前，我退出了整个大都会表演季。

辉煌的夜晚是我唯一一次出演火鸟的那天。我离开舞台只有短短一周，感觉却像过了一个世纪。

表演结束几天后，我疼得受不了，不得不承认情况真的很严重。十年前第一次受伤后，我遭遇了多次应力性骨折。骨折频发归咎于我的膝盖——向后弯曲的膝盖，过度伸展了。这意味着，立足尖时，我胫骨前部承受的压力比一般人更多。

我第一次去劳瑞森舞蹈中心时，黛安要求我一遍又一遍地重复最基本的姿势和动作，确保我动作完美。因此有时我很恨她，觉得她是故意这么做的，为了不让我自以为比其他舞者更特殊，尽管我顶着天才的光环，尽管我不同寻常的天赋赢得了所有的注意力。但是，我现在明白，她想通过反复练习的方式拯救我。我非常灵活，因为也很容易受伤。她希望我能标准地完成所有动作，这样才不会受伤。

过去的几年里，我多次受伤，都痊愈了。

但是，这一次更严重。我的胫骨，也就是膝盖以下的大骨头上至少有六处骨折。在筹备《火鸟》和《舞姬》的六个月里，我一直承受着痛苦，不知不觉中旧伤未愈，又添新伤。

我彻底绝望了。职业生涯中，我处理了数不胜数的情绪和心理压力，艰难地维持着勇气和信心，不顾芭蕾世界里假内行的批评。这群人从不认为有着和我一样肤色和体形的女孩真正属于芭蕾世界。这一生跌宕起伏，从最高点落入深谷。

这一季初始，我看见自己的脸出现在横幅上，挂在大都会歌剧院前面，在微风中轻轻飘荡。那一刻，我，一个黑人女性，是美国芭蕾舞剧院的门面。紧接着我在纽约首演，观众席上不乏名人、黑人芭蕾舞界的传奇人物，我代表他们获得的掌声是他们应得的。这一切都太惊人了。

而现在。

我不得不退出表演季，这个我扮演火鸟和加姆莎蒂的表演季，这令人无法忍受。我感觉，生命中最重要的东西已离我远去。

医生说我需要做大手术。而舞团开始选角时，就好像我根本不存在。上一秒你是明星，然后你受伤了，就会有别人走进追光里，而你则消失得无影无踪，甚至找不到自己的影子。

我把我的心痛写在纸上。

“我只是不知道我还得要多强大，还要撑多久。”我在日记中坦白写道，“我比周围的人更努力，这么工作了整整两年，终于有机会喘口气。我的机会。我绽放了光芒，战胜了我的体重和很多其他东西。但这远远不够。这很尴尬，很屈辱。我感觉自己正在打一场注定要失败的仗，而我却真的以为自己能成功。

“我瞎了。我瞎了才看不清这么明显的现实。就像我压根儿不属于这里。他们就是不想要我。我想实现自己的价值。我对所拥有的一切心怀感激，但可悲的是，这些还不够。上帝呀，什么时候才能不这么艰难?”

* * * * * *

当然，它永远不会很容易。

生活就像芭蕾，你必须找到平衡。要强迫自己走得尽量远，但也要知道什么时候得把自己从崩溃、伤害和绝望的边缘拉回来。我想逃跑，但我能去哪里?我能怎么走?

我想成为能启发别人的人，我真的太想了。我想成为一名芭蕾舞演员。

我知道，我的词典里没有“放弃”，即使要像傻子一样继续相信。

# 第十四章

# 未尽的征途

我会永远战斗，把每场演出都当作最后一场。

我在2012年10月进行了手术。九个月后，我重返舞台。

术后恢复期间，我开始进行私人地面芭蕾课程，也叫作把杆治疗法，由博里斯·尼雅瑟夫（Boris Kniaseff）所创立。术后仅仅一周，我就交了一个朋友，马乔里·莱伯特（Marjorie Leibert），她是地面芭蕾教练，她就成了我的私人地面芭蕾老师。

刚脱离纽约大都会表演季的头两个月，那时我正在做心理治疗，准备接受手术，马乔里仿佛我的救星。是她让我在想到身体恢复这件事情的时候，心理和精神头都保持乐观。

后来，马乔里会来我位于曼哈顿上西城区的公寓，我便从床上滚下地。我刚刚丢掉了演出机会，双腿无法行走，于是我只能练习地面芭蕾，将身体重量放在腹部、背部以及侧身处。她让我把注意力集中在自己可以掌控的事情上。我专注于手臂动作的练习，保持手臂肌肉结实强健，这样才能保有女芭蕾舞演员瘦削的线条感。

术后一个月，我重新穿上了足尖鞋，虽然我依然不能用脚尖站立，但是能让脚上每一块小小的肌肉都活络起来。

我想起第一次穿足尖鞋时自己兴奋的样子，也记得辛迪惊叹我刚开始练习芭蕾，短短几个月就能用脚尖站立起来。

以前轻轻松松就会能做的事，现在却无法办到，这让人绝望。但是马乔里时刻提醒我，我的伤只是暂时的，未来跳舞的日子还很长，不要放弃梦想和目标。她的一席话就像是镇痛剂，激励着我重新评估和调整自己的技术，让我能够更加充分有效地利用自己灵活的身体，希望可以避免未来再次受伤。

我已经做了十七年的舞者，但却从未像术后恢复的那几个月那般专注于自己的身体和舞蹈技术。

从早上醒来到晚上躺下的那一整天，我所有的精力都花在康复和强化身体上。

我每隔三个月便到医生那里复查，拍X光。每周都去按摩师和针灸师处，让肌肉得到按摩和巩固。我开始了私人禅柔课程，这能让我通过机器辅助，恢复腿部力量。我还可以在仰卧时练习跳跃运动，这样身体就不必承重。

胫骨手术后半年，我回归美国芭蕾舞剧院排练。两个月后，我重返舞台。

如果我否认回归不算迅速，那肯定在说谎。我的腿“没法用”，还差得远呢。

重新登台后的第一场演出便是《堂吉诃德》首演，我在其中担任主要角色林德女王。演出结束后，我收到一片差评，大家的批评都太过明确直白。

评论说道：“米斯蒂·柯普兰连一个跳跃动作都没做。”

这对我来说杀伤力很大，尤其是长久以来，跳跃动作都是我的强项，而大跳跃动作的确是导致我受伤的原因，差点就要终结我的舞蹈生涯。但评论说得没错。我在地面芭蕾训练课程中并没有恢复规律性的跳跃练习，直到实实在在开始演出，我才真正铆足了劲儿，试图完成大的换脚跳。

然而我的表现远低于我的实际能力。

可能对我来说，复原过程中最难过的事莫过于在聚光灯下恢复，在上百人的注视之下展示我残次的舞姿。这不是我最佳的水平，但在那一刻，已经是最好的水准。站在舞台上饱受质疑真的很难，质疑者们对我受伤并不知情，也没有兴趣理睬我是否带伤。还有，我知道有一些芭蕾舞迷可能是第一次看我演出，他们对我的印象会建立在远低于我正常水平的舞台发挥上，这对我来说也是件同样受煎熬的事情。

但既然我决定回到舞台，这些责任便该由我承担。

我确实有紧迫感，我要返回舞台，重新开始，找回自己，找回粉丝和美国芭蕾舞剧团。这种处境很艰难。你需要，也想要痊愈，但是你同样不想淡出太久，被人遗忘，错过角色，失去属于自己的那些时刻。

有些人不懂，为什么我明知道一些编剧批评起来言辞犀利还费心思去阅读评论。没错，他们可能很残酷，主观甚至是片面得令人难以置信。尽管芭蕾有运动竞技属性，但它本身并不是一项运动，没有一套纯粹的、清晰的标准来评判。单脚小跳并不存在运动中所谓的触地得分，屈膝下蹲跟全垒打也没有可比性。

某个评论者会觉得你的表演美妙绝伦，而同样一场表演，另一个评论者能指出种种缺陷。或许你还会注意到，当涉及某些特定的舞者时，无论他们的表现如何，评论里总是有闪光点。

但我相信自己能从批评中学习，尽管有些是偏颇的，不公平的负面评论。我选择看观众评价中的差异，这是我进步的一种方式。比如说，我注意到有十个人都对曲臂动作不太认同，那么我便会将注意力聚焦到这一舞姿，将自己的手臂动作做得更为完善。当然，要是批评意见是从凯文那里听来的，我更加不会犹豫了。

我记得曾看到一段话，是凯文说的，他认为我还需加强手臂动作才能赶上腿部及足尖的技术能力以及协调度。这话我听起来很不舒服，但也决心从那时开始把我的手臂调整到最好的状态。目前我的上身，手臂动作，艺术感染力已经成为我作为舞蹈演员所具备的几个最佳素质，甚至超过了上天赋予我的灵活足尖，美丽的线条，敏捷的位移能力以及流畅的身体协调能力。

我也相信自己的耐力终于在过去的三四年里得到了提高。正如我一开始就比别人入行晚一样，在我的芭蕾生涯里，耐力好似也来得比大部分舞蹈演员要晚一些。现在即使我感到疲惫，依然有能力保持足尖和腿部待在正确的位置，而过去我的下肢会绷不住。我经常说，在习得芭蕾技术的路上，没有捷径。你得重复，再重复，将你想掌握的动作技术变成第二本能，变得像走路一样自然而然。接着你才能跑。

最后，我终于能跑了。

我知道自己已经在尝试微调某些动作或舞步，改善也显而易见，这时我便能更轻松地忽略一些批评意见。我明白自己能做的已经都做了，简单地讲就是，我无法取悦所有的人。既然我尽我所能力求完美，就已经足够了。虽然这种完美近乎无法企及，但它永远是职业芭蕾舞者永远的目标。

在退出大都会芭蕾舞季之前，和整个康复期，我总能很好地利用美国芭蕾舞剧院之外找上门来的好机会。我同出色的摄影师格雷格·德尔曼（Gregg Delman）合作，拍摄了一组以芭蕾舞为主题的日历图片；还成为了“佩珀医生纤体餐”系列广告中的几个运动员和艺术家之一。此外，我依旧为芭蕾苗子开设高级课程，并担任男孩女孩俱乐部的大使，那是我童年时期的另一个家。

我在美国芭蕾舞剧院之外以及同芭蕾无关的项目上的额外尝试遭受了一些误解。我也知道芭蕾舞业内有很多人并不认同我在主流人群中的吸引力，更不会肯定我将芭蕾舞推广给大众尤其是弱势群体的这股热情。比如之前有一个博主，对我同普林斯合作演出以及在我其他项目上的尝试都做出了负面评价，理由是我“引外人入圈”。几乎是把芭蕾舞圈子认定成了一个独享的、封闭的圈子，惧怕改变。然而他忽略了芭蕾本身就在不断寻求新的方式，以求跟这个世界保持联系，站稳脚跟发展下去。

要说明白的是，我不会为了任何事或任何人牺牲自己的一身技艺。我所接受的那些机会，都在日程许可之内。没错，有些时候，我甚至感到一些额外的曝光对我的职业生涯是有益的。但是我有更大的目标，我想让芭蕾变得更加兼收并蓄，我希望能够和不了解或者是不太懂得该怎样欣赏芭蕾的观众们分享芭蕾艺术。并不是每一个芭蕾苗子都那么幸运，能遇到莉兹·坎廷做操典队教练，发掘她们的天分；也不是每个人都会遇到辛迪，将一身专业知识带到工人阶级的社区，免费教授给心怀梦想、极具天赋的新人们。

我不单单想要培养和指导新舞者，也深深感到还有极大的潜在芭蕾观众群没有被发掘。很多贫困家庭的孩子，或者有色人种小孩很少能接触到芭蕾这样的艺术形式。我相信芭蕾这门艺术能带给人很多东西。有研究表明舞者在尝试的诸多领域里都有非常高的成功率。因为舞者在提高自己技艺的过程中，身体上和心理上都需要毅力和纪律性。这些特质对任何人来说都十分宝贵。但如果孩子们没有接触这些优秀特质的窗口，也就无法习得这些优点。我非常乐意将这些信息带给他们，向他们传授这类课程，即使我已意识到在有生之年，可能无法看到一些及时的改变。

然而该说的说了，该做的做了，在舞台上尽我所能诠释芭蕾艺术的绝美依然是我最初和最炽烈的热爱。

我喜欢火鸟的样子。

它展示着舞蹈演员一生中最快乐的时刻。演出时洋溢的欢愉，痴迷地让自己沉浸在舞步中。但这些时刻转瞬即逝。在这些快速消失的时刻间，是数小时繁重而疲惫的练习，若是受到伤病或是别的困扰，无法跳出最佳状态，抑或是根本无法跳舞，那便是日复一日，一周又一周甚至连续数月的绝望。

胫骨受伤恢复期间，我有了大量的时间反思。我常常会深思我还要再跳舞么，我还应该继续跳舞吗？以后会不会有别的道路或者为了别的目标前行？我都已经尽我所能地走了这么远了，或许从现在开始，我是时候转换角色，做一个激励鼓舞学员的导师，而非继续做一个舞者。

然而现在，我再次回到舞台，重新成长了，此前我以为这再没可能。这时我便知道，导师和舞者，都是我要做的。

不论投入多少时间训练，不论把多少生活献给芭蕾，工作都没有尽头。每位舞者都明白，总有更年轻更优秀的人在台下等着取代台上的人。年纪越大，身体素质越发退化。可年龄和经验也会让你的艺术有深度和复杂性。我很激动，希望自己能继续成长和探索。所有这一切只需把握好平衡。

我仍然在意芭蕾圈对我的看法，程度大大超出了合理的范畴。我会担心，大家是会继续接纳我，认同我是个人才，一如当年他们称赞我是个天才，一个全能的值得尊敬的艺术家；还是会永远将我定义成一个“黑人舞蹈演员”，一个不值一提的怪人？

但在我思路清晰的时候，我会设想，总有那么些人会被我的故事和成就打动。那些看到我人生历程的人们会知道，你可以开始得很晚，也许跟别人比起来很异类，你会怀疑，摇摆，犹疑，但仍然可以成功。

我所惧怕的是，下一个黑人女性要像我一样走到顶尖芭蕾舞团的这个位置，需要再有两个十年。如果我不走到首席的位置，大家会觉得我辜负了他们。

所以我依然渴求着，想成为美国芭蕾舞剧院的首席舞者，想成为《舞姬》里的尼基娅，成为罗密欧呼喊的朱丽叶，成为《天鹅湖》中的奥杰塔和奥迪尔，想成为吉塞尔。但不论我是否能成为美国顶尖芭蕾舞剧院的第一个非裔首席舞蹈家，我知道，发声并分享我的故事总会有收获。

火鸟还有一个形象我很喜欢，那就是它成功地挣脱出来，冲向天空的样子，如同从灰烬里涅槃的凤凰。

从我穿着宽松的健身裤开始上第一节课到现在，我已经一路走了这么远。这十七年来，在这个高雅、艰难、精英遍布的美丽世界里，我在历史上留下了印记，也在芭蕾艺术上刻上了我的标记。我会永远战斗，把每场演出都当作最后一场。

我会每分每秒都爱着它。

# 致　谢

我从没想过会如此幸运，能有机会跟大家分享那些让我之为我的一切：梦想，挣扎，以及希望。我希望能激励更多的人敢于去做梦。

我要感谢我的家人们，我们一路走来保有的那份凝聚力。埃里卡、道格、克里斯、林赛和卡梅隆，谢谢你们，是我们之间相互信任才让一路披荆斩棘变成可能。妈妈，谢谢你的锲而不舍。感谢爸爸，谢谢你来到我的生活，像亲生父亲般抚育了我。还有辛迪、沃菲和帕特里克，如果没有我们命中的相遇，不知道我的生活会是怎样。谢谢你们怀着满满的爱意不假思索地接纳我，让我成为家里的一分子。谢谢你们带我进入芭蕾世界，我会永远感激。感谢我的教母教父、莉兹和迪克，你们是我职业道路上的催化剂，你们也是我生活的一部分，谢谢你们的引导和爱。

圣佩德罗的男孩女孩俱乐部！全美的男孩女孩俱乐部！你们所坚持的一切都是对的，你们的坚持是看得见摸得着的，你们的努力是有用的。你们改变了很多人的生活，是你们开启了我走向未来的道路。现在，我已经成长，拥有了你们给予的坦途和未来。

美国芭蕾舞剧院：感谢你们无尽的信任和支持。作为美国芭蕾舞剧院的孩子，我很自豪。从暑期集训营开始，到芭蕾舞团工作室，最终成为剧院舞团的一分子。感谢你们所营造的氛围，让我感到自己有能力成为一种新的芭蕾舞演员。还有苏珊，她就像我的第二个妈妈，我有说不完的感激。是你的教导改变了我的观点和心态。维姬！我觉得你应该是我最早见到的棕色皮肤的芭蕾舞演员之一。感谢你愿意给我时间，让我知道自己并不是孤单一人，还以身作则给我树立了一个极好的榜样，让我知道自己可以有无限的梦想。黛安，我在劳瑞森舞蹈中心芭蕾工作室待的那一小段时间对于我的训练来讲至关重要。谢谢你从来没有让我好过，从未区别对待我和其余的学生，总是逼着我去超越自以为已经无法再往前的极限。雷文，是你让我满血复活，激励着我不要因自己和所处的环境而自怨自艾，知道什么是正确的，就要为之奋斗到底。你每天都提醒着我，生活十分不易，那就要让心底斗争的信念越发肆意强劲。你的坚持令人无限钦佩。你是一个真正的芭蕾舞演员，永远是榜样！马乔里，不用再多说什么，我们心照不宣。我们说同一种语言（我们是一国的？同类人？），你有无尽的知识储备。我欣赏你，尊敬你，并且感谢你，因为你，我才开始探究自己和自己的身体。

吉尔达，如果没有你，我将何去何从？弗农的引荐促成了我们奇妙的合作，我们都没有想到能走到今天这样的高度。而且，小伙子！我们还会走得更高更远！要感谢你那不可思议的眼界，感谢你将这些想法鲜活起来。是你将芭蕾推到了一个连我都不敢确定能否达到的高度。此外，还要告诉试金石团队的成员们：西蒙和舒斯特，梅根·里德（Megan Reid），史蒂夫·特罗哈（Steve Troha），谁能想到你们真的做到了！这一切都成真了！谢谢你们巨大的努力和强大的信念。查理斯，坐在客厅里跟你这样的好朋友闲话家常，真是再美好不过的经历了。这本书记录的不仅是工作，它是对我自己，我的过去以及未来的挖掘和探索。是你的那一席话让这本书变得生机勃勃。

最后，亲爱的奥卢，我们之间的关系已经发展到超出了我曾梦想的那种紧密。你是我最忠实的粉丝，我的理智之声，在我需要对话讨论的时候，你总是最好最适合的那个人。谢谢你一直都在这里，让我坚信棕色皮肤的芭蕾舞演员能在听见我的故事之后获益，也谢谢你鼓励我去成为芭蕾舞导师。